Wo Engel wirken

ECON Sachbuch

Zum Buch

Engel - gibt es sie in unserer heutigen Welt? Wie viele von uns haben nicht in Augenblicken, da das Leben schrecklich, verwirrend oder schmerzhaft schien, ein Flüstern gehört, eine unsichtbare Hand auf der Schulter gespürt ... Ganz gewöhnliche Menschen durften Joan Anderson davon berichten, wie sie aus größter Not auf wundersame Weise gerettet wurden - diese rührenden, kraftspendenden Erzählungen hat die Autorin hier zusammengetragen.

Zur Autorin

Joan Wester Anderson lebt in Chicago. Seit 1973 schreibt sie für verschiedene Zeitschriften und Magazine. Nach »Wo Wunder geschehen« ist »Wo Engel wirken« ihr zweites Buch im ECON Verlag - es war ein Bestseller in den USA (New York Times) und wurde bereits in fünf Sprachen übersetzt.

Joan Wester Anderson

Wo Engel wirken

Von besonderen Begegnungen mit himmlischen Beschützern

ECON Taschenbuch Verlag

Veröffentlicht im ECON Taschenbuch Verlag,
ECON Verlag GmbH, Düsseldorf 1996
Lizenzausgabe

Titel des englischen Originals: Where Angels Walk

Aus dem Englischen übersetzt von Eric D. Lombert,
Stuttgart
Umschlaggestaltung: Init GmbH, Bielefeld
Titelabbildung: Bavaria, Düsseldorf
Druck und Bindearbeiten: Elsnerdruck, Berlin
Printed in Germany
ISBN 3-612-26365-X

Für jene, die einen Schritt im Glauben taten und Wissen, Meinungen und wunderbare Geschichten weitergaben. Ohne euch, meine Engel, gäbe es diese Seiten nicht.

Lebe wohl! Ich wußte nicht um deinen Wert,
Doch da du fort bist, wird er nun gepriesen,
Und ungesehen schritten Engel auf der Erd',
Doch als sie flogen, wurden sie erkannt.

Danksagung

Die meisten Bücher würden ohne die Hilfe und Ermutigung durch andere nicht geschrieben werden.

Ich danke zahlreichen Mitarbeitern öffentlicher Bibliotheken für ihre fachliche Unterstützung und ihren Rat, insbesondere Marilyn Uselmann von der Harlington Heights Memorial Library, Thad Voss vom Wheaton College, Theresa Bohm von den Wycliffe Bible Translators, Dan Sharon von der Asher Library at Spertus College sowie Harriet Leonard von der Duke University Divinity Library. Außerdem möchte ich die Hilfe der Forschungsabteilungen am Christian Broadcasting Network, der Assemblies of God General Council Headquarters sowie des *Guidepost* Magazine erwähnen. Der Reverend John H. Hampsch, C. M. F., Henrietta DePaepe, Pauline Cusack sowie die Autoren Charles und Frances Hunter haben mich mit wertvollem Hintergrundmaterial versorgt.

Besonderen Dank schulde ich den Geistlichen der Holy Family Church in Chicago, einschließlich des Reverend John Lane, S. J., Dr. Timothy Warner von der Trinity Evangelical Divinity School in Deerfield, Illinois, Pastor LaVerne Tucker in Redlands, Kalifornien, und Rabbi Gedalia Schwartz vom Rabbinischen Rat in Chicago.

Besonders hilfreich waren die Mitglieder der Loretto-Chapel-Gemeinde in Santa Fé, New Mexico, das 777. Polizeirevier in Dayton, New Jersey, die Write to Publish Conference am Moody Bible Institute, die Swedenborg Foundation und das National Centre for Padre Pio sowie Fran White von den Guardian Angels.

Meine Schwester Susan Fichter muß besonders erwähnt

werden; sie war vielleicht die erste Person, die in all jenen Briefen die Möglichkeit für ein Buch gesehen hat.

Eine dankbare Erwähnung schulde ich den Verlegern, die meine Nachfragen druckten, vor allem in *Liguorain*, *Our Sunday Visitor*, *Annals of St. Anne* und *Sonlight/Sun*, sowie den vortragenden Sponsoren, die es mir gestatteten, ihr Publikum nach Erlebnissen mit Engeln zu befragen.

Schließlich danke ich meinem wunderbaren Ehemann, meiner Familie und meinen Freunden, vor allem den Mitgliedern der St.-Theresa-Betgruppe, den Hickory Nuts und der St.-Scholastica-Jahrgangsklasse von '56 . . .

Eure Liebe während all dieser Jahre hat mich bestärkt und gesegnet.

J. W. A.
Arlington Heights, Illinois

Inhalt

Der Beginn ...

Ein Schutzengel, der sein Leben überwacht,
Seine Freuden verdoppelt und seine Sorgen teilt.

Samuel Rogers, »Menschliches Leben«

Es war kurz nach Mitternacht des 24. Dezember 1983. Der Mittlere Westen der USA zitterte unter einer Kältewelle, die alle Rekorde brach – mit orkanartigen Winden, eingefrorenen Wasserleitungen und allem Drum und Dran. Und obwohl unser Haus in einer Vorstadt Chicagos erfüllt war von den gemütlichen Geräuschen eines Feierabends, konnte ich daran nicht teilnehmen – nicht bis unser einundzwanzigjähriger Sohn in die Einfahrt einbiegen würde. Tim und seine beiden Zimmergenossen waren jetzt gerade unterwegs nach Hause, es war ihre erste Reise, seit sie im vorigen Mai in den Osten gezogen waren. »Mach dir keine Sorgen, Mutter«, hatte Tim mich am Abend zuvor zu beruhigen versucht, »wir fahren vor Sonnenaufgang los und halten nirgendwo an. Alles in Ordnung.«

Kinder. Sie machen schon verrückte Sachen. Unter normalen Bedingungen, so rechnete ich mir aus, würde eine Fahrt von Connecticut nach Illinois achtzehn Stunden dauern. Aber es war so gefährlich kalt geworden, daß der Wetterbericht davor warnte, sich auch nur wenige Augenblicke ins Freie zu begeben. Und wir hatten nichts von den Reisenden gehört. Voller Sorgen stellte ich sie mir auf einer einsamen Straße vor. Wenn sie nun eine Panne hatten oder sich verfuhren? Und *wenn* sie aufgehalten worden waren, warum hatte Tim dann nicht angerufen? Unruhig ging ich umher und schickte eines der Stoßgebete gen Himmel, die allen Müttern vertraut sind: *Gott, schick jemanden, der ihnen hilft.*

Später erfuhr ich, daß die drei mittlerweile kurz in Fort Wayne, Indiana, angehalten hatten, um Don bei seiner Familie abzuliefern. Die Vernunft hätte geboten, daß Tim und Jim dort über Nacht geblieben und erst am Morgen weitergefahren wären. Aber wann richten sich junge Leute schon nach dem gesunden Menschenverstand? Es waren nur noch vier Stunden Fahrt nach Hause; und obwohl es die kälteste Nacht in der Geschichte des Mittleren Westens war und Schnee auf den verlassenen Highways lag, waren die beiden weitergefahren.

Schon nach wenigen Meilen auf einem ländlichen Zufahrtsweg zur Indiana-Mautstraße bemerkten sie, daß der Motor nicht mehr richtig zog, sondern unregelmäßig ruckte und der Wagen über zwanzig, fünfundzwanzig Stundenkilometer nicht mehr hinauskam. Ängstlich schaute Tim zu Jim hinüber. »Gehen Sie heute nacht nicht, ich wiederhole: *nicht* nach draußen, meine Freunde«, sagte der Radiosprecher. »In diesem Sturm wird es bis zu minus 30 Grad kalt: unbedeckte Haut erfriert in weniger als einer Minute.« Plötzlich tat der Wagen einen Ruck, röhrte kurz auf und wurde wieder langsamer.

»Tim«, sagte Jim in der Dunkelheit, »wir bleiben doch nicht etwa hier liegen?«

»Das können wir gar nicht«, sagte Tim grimmig, während er immer wieder das Gaspedal trat; »es wäre der sichere Tod.«

Aber der Motor tuckerte und stotterte und wurde immer langsamer. Eine Meile weiter, auf einer kleinen Anhöhe, verstummte er völlig, und das Auto kam endgültig zum Stehen.

Voller Entsetzen schauten Tim und Jim einander im jetzt dunklen Wageninneren an. Sie konnten in alle Richtungen über die Felder sehen, aber weit und breit war ihr Auto das einzige. Zum ersten Mal wurde ihnen bewußt, daß sie in größter Gefahr waren. Es herrschte kein Verkehr, nirgendwo war ein Unterschlupf, nicht einmal das Licht einer Farm leuchtete in der Ferne. Es war, als seien sie auf einem fremden, schneebedeckten Planeten gelandet.

Und dann diese schreckliche, unglaubliche Kälte! Noch niemals in seinem Leben hatte Tim etwas Derartiges erlebt. Ihm war klar, daß sie nicht einmal Hilfe suchen konnten: Er und Jim waren jung und kräftig, aber selbst wenn der nächste Zufluchtsort nur wenig entfernt lag, konnten sie ihn doch nicht lebend erreichen. Die Kälte würde sie in wenigen Minuten töten.

»Irgend jemand wird bald vorbeikommen«, murmelte Jim; »ganz sicher sogar.«

»Das glaube ich nicht«, sagte Tim. »Du hast es im Radio gehört: Jeder ist heute nacht zu Hause – außer uns.«

»Was machen wir also?«

»Ich weiß es nicht.« Tim versuchte noch einmal, den Motor zu starten, aber der Zündschlüssel klickte vergeblich in der Stille. Die Kälte im Wageninneren drang durch Mark und Bein, und seine Füße wurden bereits taub. *Nun, Gott,* betete er, *du bist der einzige, der uns jetzt noch helfen kann.*

Es war kaum noch möglich, wach zu bleiben . . . Dann, als seien sie schon in einem Traum weggesunken, sahen sie Scheinwerfer hinter ihrem Auto. Aber das war unmöglich: Nirgendwo in der Ferne hatten sie bislang das doppelte Lichtbündel, die sich nähernde Hoffnung gesehen. Wo war dieses Fahrzeug hergekommen? Waren sie bereits gestorben?

Aber nein: Wunderbarerweise klopfte jemand an das Seitenfenster auf der Fahrerseite: »Müssen Sie abgeschleppt werden?« Ungläubig hörten sie die gedämpfte Frage. Aber es war Wirklichkeit: Ihr Retter fuhr einen Abschleppwagen.

»Ja! O ja, danke!« Schnell beratschlagten die beiden, während der Fahrer, ohne weitere Worte zu verlieren, um sie herum vor ihr Auto fuhr und Ketten anbrachte. Wenn zu dieser Zeit keine Werkstätten mehr offenhatten, würden sie ihn bitten, sie zu Dons Haus zurückzubringen, wo sie den Rest der Nacht würden verbringen können.

Der Fahrer, dick in einen pelzgefütterten Parka eingehüllt, das Gesicht von der Kapuze und einem Halstuch bis auf die Augen bedeckt, nickte auf ihre Bitte hin, sagte jedoch nichts weiter. Ruhig kletterte er in seinen Lastwagen, anscheinend unberührt von den lebensbedrohenden Umständen, unter denen er sie gefunden hatte. *Seltsam, daß er nichts von uns wissen will,* dachte Tim, *und daß er nicht einmal sagt, wo er herkommt und wie er uns gefunden hat, ohne daß wir sein Kommen bemerkt haben* . . . Hatte irgendein Firmenname auf dem Abschleppwagen gestanden? Tim hatte nichts gesehen. *Er wird uns eine dicke Rechnung schreiben, in so einer Nacht. Ich werde mir Geld von Don oder seinem Vater leihen müssen* . . . Aber Tim war erschöpft von den Anstrengungen, und während er sich in seinem Sitz zurücklehnte, glitten seine Gedanken allmählich fort.

Sie kamen an zwei verschlossenen Tankstellen vorbei, hielten an, um Don von einem Münzfernsprecher aus anzurufen, und wurden bald darauf durch die ihnen bekannte Gegend von Fort Wayne gezogen. Überall war man längst schlafen gegangen, alle Weihnachtslichter in allen Straßen waren erloschen, und die, in der Don wohnte, schien ihnen die gastfreundlichste zu sein, die sie je gesehen hatten. Der Fahrer manövrierte vorsichtig am Ende der Sackgasse und hielt vor Dons Haus. Steif vor Kälte rannten Tim und Jim zur Tür, wo Don auf sie wartete, und stolperten in die herrlich warme Küche – endlich in Sicherheit.

Don knallte die Tür gegen den eisigen Sturm zu. »Hey, was ist passiert?« fragte er; aber Tim unterbrach ihn.

»Der Abschleppwagenfahrer, Don – ich muß ihn noch bezahlen. Kannst du mir etwas borgen . . .?«

»Wart mal.« Don runzelte die Stirn und sah an seinen Freunden vorbei durch ein Fenster nach draußen. »Ich sehe keinen Abschleppwagen da draußen.«

Tim und Jim fuhren herum. Dort stand, einsam am Randstein, Tims Auto. In der kristallklaren Nacht hatten sie weder das Geräusch der Ketten noch das Schlagen der Autotür, noch den Wagen wegfahren gehört. Tim hatte noch keine Rechnung bezahlt, keine Quittung unterschrieben; es hatte kein »Aufwiedersehen« oder »Dankeschön« oder »Fröhliche Weihnachten« gegeben . . . Verwirrt rannte Tim die Einfahrt zum Bürgersteig hinunter, aber nirgendwo sah er Rücklichter in der Ferne verschwinden, kein Motorengeräusch war in den stillen Straßen zu hören; es gab nichts, was die Gegenwart eines Abschleppwagens anzeigte.

Dann sah Tim die Reifenspuren in den Schneeverwehungen. Aber da war nur ein Paar, das die Drehung am Ende der Sackgasse nachzeichnete. Und diese Spuren gehörten zu Tims Auto . . .

Wenn Weihnachtslieder die Luft erfüllen und unsere Sorgen sich in der Festfreude verlieren, glaubt jeder an Engel. Aber es ist schwieriger zu akzeptieren, daß die »Menge der himmlischen Heerscharen« auf jenen längst vergangenen Hügeln von Bethlehem auch in unserem heutigen Leben von Bedeutung sein könnten, daß Gottes Versprechen, ER werde seine Engel schicken, um jedes seiner Kinder zu beschützen und zu retten, ein unkündbarer Vertrag ist, der für alle Ewigkeit und zu allen Jahreszeiten Gültigkeit hat.

Engel werden heutzutage nicht sonderlich beachtet. Wenn man die spirituelle Welt überhaupt als existierend anerkennt, dann betrifft das zumeist ihre dunkle Seite – in der Form bizarrer Satanskulte, die vor allem unter unseren jungen Menschen so großen Schaden anrichten. Dennoch gibt es Hinweise, daß auch gute Geister auf unserer Erde wirken; sie bekämpfen das Böse, überbringen Nachrichten, warnen uns vor Gefahren, trösten uns in unserem Leiden . . . und verschwinden wieder, wie dies die Engel in jener ersten Weihnachtsnacht taten.

Engel sind mit keinem Lackmustest nachweisbar, sie legen in keinem Gerichtssaal Zeugnis ab, sie sind unter keinem Mikroskop erkennbar. Folglich kann ihre Existenz auch nicht »bewiesen« werden – zumindest nicht mit den Verfahren, die wir Menschen normalerweise benutzen. Einen Engel kennenzulernen setzt vielleicht die Bereitschaft voraus, sich ein Urteil einstweilen zu versagen, sich statt dessen für Möglichkeiten zu öffnen, von denen wir nur geträumt haben. »Die besten und schönsten Dinge in dieser Welt können nicht gesehen oder gar berührt werden«, sagte Helen Keller. »Man muß sie mit dem Herzen fühlen.«

Hat ein Engel Tim errettet? Unsere Familie wird es niemals ganz sicher wissen.

Doch am Heiligabend 1983 hörte ich das Rauschen von Flügeln, als der Fahrer eines Abschleppwagens einem himmlischen Aufruf folgte und unseren Sohn sicher nach Hause brachte.

Auf der Suche nach Antworten

Wir leben nicht nur unter Menschen, sondern es gibt Luftgeister,
gesegnete Zuschauer, mitfühlende Beobachter,
die unsere Gedanken und Gefühle und Handlungen
sehen und kennen und wertschätzen.

HENRY WARD BEECHER, »KÖNIGLICHE WAHRHEITEN«

Engel. Was wußte ich wirklich über diese himmlischen Wesen?

Als Katholikin war ich mir ihrer Existenz natürlich bewußt. Als Kind hatte ich ein Gebet an meinen Schutzengel gelernt, und im College hatte ich die Hierarchie der Engel studiert, die neun Chöre, von denen jeder seine eigene Funktion und Bestimmung hat. Aber nach Tims merkwürdiger Rettung begann ich, den Engeln mit einem tiefergehenden Interesse nachzuforschen.

Eine der ersten Tatsachen, die ich entdeckte, war eine Gallup-Umfrage, aus der hervorging, daß sechzig Prozent der Amerikaner voller Überzeugung an Engel glauben. Obwohl die Gelehrten sich in Einzelheiten uneinig sind, wird ihre Existenz von allen drei großen westlichen Religionen – Judentum, Christentum und Islam – anerkannt. Engel werden über dreihundertmal in der Heiligen Schrift erwähnt; sie handeln einzeln oder in großen Gruppen, führen Gottes Befehle aus, bilden einen himmlischen Hofstaat und, was besonders bedeutsam ist, sie beschützen die Menschen und überbringen ihnen Botschaften. Im Alten Testament einschließlich den Büchern der jüdischen Thora spielen sie wichtige Rollen, im islamischen Koran werden sie mehrfach zitiert. Sokrates fragte häufig seinen Schutzengel um Rat. Viele berühmte Heilige sowie der Gründer der Heilsarmee, General William Booth, behaupteten, sie hätten Engel gesehen, und Abraham Lincoln sagte, er fühle oft ihre Gegenwart. Himmlische Wesen treten in den Werken Dantes, Miltons und Shakespeares sowie auch in denen zeitgenössischer Autoren auf.

Im Laufe der menschlichen Entwicklung veränderte sich das Verständnis der Menschen von den Engeln. Für die frühen Heiden schienen die Götter entweder Sterne oder Planeten zu sein oder im Himmel zu wohnen; also war es nur eine logische Weiterentwicklung, sich Engel als geflügelte Geister vorzustellen, die mühelos zwischen Himmel und Erde hin- und herreisen konnten.

Mit der Zeit änderten sich die Deutungen. Die frühen Hebräer behaupteten, das Universum sei eine Hierarchie mit Gott an der Spitze und weiteren Wesen, die unter IHM standen. Sie glaubten, daß die Engel eine Art »himmlischen Hofstaats« bildeten. In ihren Schriften sprachen sie von »den Engeln Gottes« und den *bene Elohim,* den »Söhnen Gottes«.

Christen glauben, daß Gott die Engel etwa zur gleichen Zeit wie die Erde erschuf (der heilige Augustin war der Meinung, beide Schöpfungsakte seien zeitgleich gewesen), jedoch vor der Erschaffung des Menschen. Sie bekamen einen Geist und einen Willen wie wir, aber keinen Körper. Nach der Offenbarung des Johannes wollten einige Engel irgendwann Götter sein, und es kam zu einer fürchterlichen Schlacht im Himmel. Die besiegten Engel wurden anschließend zu bösen Geistern mit Satan an der Spitze, die bis auf den heutigen Tag die Welt heimsuchen. Das Konzil von Nikäa von 325 erklärte den *Glauben* an Engel zum Dogma, eine spätere Synode verurteilte jedoch die *Anbetung* von Engeln.

Auch die Moslems glauben, daß die Engel vor den Menschen erschaffen wurden. Dem Koran zufolge wurden sie, nachdem die Menschen als Gottes höchstes Werk entstanden waren, aufgefordert, sich vor ihnen zu verneigen, und dieser

Befehl veranlaßte Luzifer aufzubegehren. Bevor Mohammed sie unter dem Glaubensbanner des Islam vereinigte, glaubten die Araber an zahlreiche Götter und Göttinnen und zählten anscheinend auch Engel zu ihnen. Mohammed stützte sich auf viele der biblischen Schriften und übernahm folglich auch Engel in seine neue Religion. Nachdem er zum Propheten auserwählt worden war, behauptete er sogar, eine wunderbare Vision des Erzengels Gabriel gesehen zu haben, der ihm versprach, ihn in seinem neuen Amt zu beschützen.

Die Moslems glauben, daß Engel am Jüngsten Tag für oder gegen die Menschen Zeugnis ablegen werden und daß in den Moscheen und anderswo Engel die guten und bösen Taten der Menschen aufzeichnen.

Meine Nachforschungen ergaben, daß – unabhängig von ihren Anfängen – Engel drei grundsätzliche Aufgaben haben: sie huldigen Gott, sie dienen als Boten zwischen Gott und seinem Volk, und sie treten als unsere Beschützer auf, wobei sie sich niemals in unsere freie Willensentscheidung einmischen. Die Heiligen Dionys und Paulus, Papst Gregor und andere unterteilten die Engel in neun Chöre, die hier in absteigender Reihenfolge zusammen mit ihren Hauptaufgaben aufgeführt werden: Seraphim und Cherubim, die Gott lieben und anbeten; Throne und Herrschaften, die die Aufgaben der Engel regeln; Tugenden, die Wunder auf der Erde bewirken; Mächte, die uns vor Dämonen bewahren; Fürsten, Erzengel und Engel, die den Menschen helfen und sie beschützen. Die vier uns am besten bekannten Erzengel sind Raphael, Michael, Gabriel und Uriel. Ihre Zahl scheint jedoch unendlich zu sein, und im Laufe der Zeit sind noch weitere genannt worden. Einer der ältesten Schreine der Türkei ist Michael geweiht, der in jenem Land als ein großer Heiler der Kranken angesehen wird. Obwohl Engel außerordentlich mächtig sind, sind sie natürlich Gott in allen Dingen unterworfen.

In Einzelheiten unterscheiden sich die Ansichten der Religionen, was Engel betrifft: Zum Beispiel glauben die meisten

Katholiken, daß jeder bei seiner Geburt einen Schutzengel zugeteilt bekommt, einen Lebensbegleiter, der zur jeweiligen Persönlichkeit besonders gut paßt. Katholische Kinder lernen ein kleines Trostgebet, mit dem sie in ein »Gespräch« mit ihrem Engel eintreten können, und der Tag der Schutzengel wird am 2. Oktober begangen. Die alte jüdische Angelologie vertrat ebenfalls die Theorie von den persönlichen Engeln; der Talmud spricht sogar davon, daß jedem Juden bei seiner Geburt elftausend Schutzengel zugeteilt werden! Die zahlreichen protestantischen Glaubensbekenntnisse vertreten unterschiedliche Meinungen; die meisten glauben jedoch, daß wir nicht zu Engeln beten sollten, sie jedoch ersuchen können, für uns einzutreten.

Als Engel – etwa im vierten Jahrhundert – in der bildenden Kunst aufzutreten begannen, verliehen die Künstler ihnen Flügel, um sie von den Aposteln und anderen heiligen Männern und Frauen unterscheiden zu können. Wir kennen Engel auch als pausbäckige Cherubine oder als weißgekleideten Chor wie in jener ersten Christnacht. Menschen, die vom Tod wieder ins Leben zurückgeholt wurden, berichten allerdings von »hellen Lichtwesen«, denen sie begegnet seien – eine Erinnerung daran, daß Licht (wie es in den Bildern der Künstler in Form von Heiligenscheinen oder strahlenden Körpern auftritt) für den Himmel und möglicherweise auch seine Bewohner steht.

In der Heiligen Schrift treten viele Engel als mächtige, furchtlose Krieger auf. Es gibt aber auch zahlreiche biblische Geschichten von Männern und Frauen, die Engeln in menschlicher Gestalt begegnen, Engeln, die ganz wie normale Sterbliche aussehen . . . ganz so wie Tims Engel. Der Begleiter in der Schrift Tobias und die Fremden, die Lot im 1. Buch Mose besuchen, sind gute Beispiele hierfür. Und forderte nicht der heilige Paulus die Hebräer – und alle, die nach ihnen kommen würden – auf, »Gastfreundschaft zu zeigen, denn auf diese Weise hat schon mancher einen Engel bewirtet, ohne es zu wissen«?

Je mehr ich las, um so mehr erkannte ich, daß Engel alles andere als altmodisch, sondern vielmehr auch ein Teil der heutigen Welt sind. Es gibt Städte, Sportmannschaften, Fliegervereine und wohltätige Verbände, die nach Engeln benannt sind. Die Mitglieder des amerikanischen freiwilligen Streifendienstes, der als »Guardian Angels« (Schutzengel) bekannt geworden ist, tragen T-Shirts mit einem Wappen, bestehend aus einem geflügelten Auge in einem Schild, das nach Aussage des Gründers und Leiters Curtis Sliwa für »engelsgleichen Schutz für jeden« steht, »selbst für diejenigen, die nicht möchten, daß wir auf sie achtgeben«. Es gibt einen Verein der Engelssammler von Amerika, eine nationale Vereinigung der Engelsfreunde mit eigener Zeitung und Jahresversammlung. »Angel Threads« (Engelsfäden) heißt eine Boutique in Tucson; in Cleveland gibt es eine Kindertagesstätte »Engel im Himmel« sowie in Riverside, Kalifornien, ein Engel-Versandhaus. Toller Cranston, der sechsfache kanadische Meister im Eiskunstlauf, bewohnt in Toronto ein Haus, das voller Engelsbilder und -mobiles und ähnlicher Kunstwerke ist; er liebt Engel, denn, so sagt er, »sie können die Schwerkraft hinter sich lassen«.

Sogar Hollywood befaßt sich gelegentlich mit Engeln. Wer erinnert sich nicht an Clarence in *Welch ein wundervolles Leben*, ein liebenswerter, tollpatschiger Engel, der einem zum Selbstmord bereiten Mann (James Stewart) den Wert seines Lebens zeigt und ihm klarmacht, was geschehen wäre, wenn er seinen Prinzipien nicht treu geblieben wäre. Stewart hat immer gesagt, daß dies seine Lieblingsrolle war. *Field of Dreams* hinterließ – auch wenn er nicht speziell von Engeln handelte – einen solchen Eindruck bei den Kinozuschauern, daß das Baseballfeld in Iowa, wo er gedreht worden war, Jahr für Jahr Tausende von Touristen anlockte.

Und man denke an die beliebte Fernsehserie *Ein Engel auf Erden*, produziert vom inzwischen verstorbenen Michael Landon. Landon spielte die Rolle eines Engels, Jonathan

Smith, der auf die Erde geschickt worden war, um leidende Menschen zu überreden, einander zu helfen. Die Idee kam Landon eines Tages, als er auf dem Los Angeles Freeway im Stau stand und beobachtete, wie die Autofahrer einander ärgerlich anhupten und anschrien. Wenn sie nur einen Teil dieser Energie dazu aufwenden würden, freundlich zu sein, dachte Landon, wie sehr würde die Welt sich verändern! Bald entwarf er eine Fernsehserie, die sich auf den Gedanken stützte, daß Freundlichkeit und nicht Zorn Probleme löst; und die Hauptfigur war ein Engel, der Fehler machen, aber auch der Auslöser von Veränderungen im Denken der Menschen sein konnte.

Aber Hollywood liefert Fiktion. Gab es immer noch *wirkliche* Engel, die uns mit Trost, Zuflüsterungen – oder in menschlicher Gestalt beistanden? Wenn mein Sohn auf diese dramatische, unerwartete und wunderbar liebevolle Weise gerettet worden war: würde ich auch andere finden können, die ähnliche Geschichten zu erzählen hatten? Dies schien logisch zu sein; da ich glaube, daß Gott all seine Kinder mit der gleichen Intensität liebt, würde er sicherlich jedem den gleichen Schutz gewähren, den er Tim hatte zukommen lassen. Doch vielleicht erkannten nur wenige von uns diese Hilfe, wenn sie uns erreichte. Oder möglicherweise schrieben wir solche Augenblicke als »Glück gehabt« oder »Zufall« ab. Ich würde tiefer graben müssen, um hier eine Antwort zu finden.

Aber es war eine Sache, für sich über Engel zu lesen, und etwas völlig anderes, jemanden (sogar einen engen Freund) zu fragen: »Bist du jemals einem Engel begegnet?« Die Menschen sind, meine ich, in unterschiedlichem Maße bereit, an Übernatürliches zu glauben. Viele können sich nicht vorstellen, daß auf der Erde himmlische Wesen wandeln, die den Menschen helfen. Schließlich sind wir alle Geschöpfe des zwanzigsten Jahrhunderts und Anhänger der »Theologie« des wissenschaftlichen Beweises. Andere räumen ein, daß es solche Begnungen geben kann und daß wir in einer Welt leben, in der nicht alles logisch erklärbar ist, behaupten jedoch, daß *ihnen* wirkliche Wunder nicht geschehen *könnten*; denn müßte man nicht außergewöhnlich fromm sein, um für ein solches Wunder in Frage zu kommen? Und wenn ich Menschen finden würde, die ein Erlebnis wie Tim gehabt hatten, würden sie bereit sein, es anderen mitzuteilen?

Ich holte tief Luft, ging zum Postamt und mietete ein Postfach. Dann wandte ich mich an Zeitschriften, deren Leser mit meinen Veröffentlichungen vertraut waren, und bat darum, diesen Brief zu veröffentlichen: *Ich suche Menschen, die glauben, sie könnten einem Engel begegnet sein. Ich spreche nicht von menschlichen Wesen, die wegen guter Taten als »Engel« bezeichnet werden können. Ich spreche von Geistwesen, die in menschlicher Gestalt erschienen, um Hilfe zu leisten. Bitte schicken Sie Ihre Antwort an das folgende Postfach . . .*

Einige der Verleger schrieben mir, sie würden Briefe dieser Art nicht veröffentlichen; entweder wollten sie ihre Zeitschriften nicht zu Versuchszwecken benutzen lassen, oder – dies ist mein Verdacht – sie fanden meine Bitte ein wenig zu verschroben. Von anderen erhielt ich keine Empfangsbestätigung. Dies konnte bedeuten, daß sie meinen Brief fortgeworfen hatten – oder ihn veröffentlichen würden. Aber selbst wenn sie meiner Bitte rachkamen: was wäre, wenn niemand antwortete? Wenn die Leser darüber lachten oder, schlimmer noch, einer zum andern sagte: »Diese Joan Anderson war mal eine nette, normale Autorin; aber jetzt ist sie wohl ein bißchen übergeschnappt, was?«

Ich wartete, sammelte weiterhin Material über Engel und sah eines Tages meinen Brief in einer Zeitschrift abgedruckt. Einige Wochen später ging ich zum Postamt, steckte den Schlüssel ins Schloß meines Fachs und raffte meinen ganzen Mut zusammen. Dies war vermutlich, was man so »den Augenblick der Wahrheit« nennt. Heute würde ich herausfinden, ob Tims Erlebnis ein einmaliges Ereignis gewesen war – oder ob wir Mitglieder einer großen und herrlichen Gemeinschaft von Menschen waren, auf deren Leben ein himmlisches Wesen Einfluß genommen hatte.

Ich öffnete das Türchen des Postfachs – und trat erstaunt einen Schritt zurück: Es war voller Briefe.

»Engel um uns herum«

Dennoch werden viele nicht glauben,
daß es so etwas wie eine Sympathie der Seelen gibt.

Isaak Walton, »Das Leben des Dr. Donne«

»Ich habe dies nur wenigen erzählt. Ich glaube, ich habe Angst davor, daß meine Familie oder Freunde vielleicht lachen oder denken könnten, ich hätte Halluzinationen . . .«
»Wenn ich zu erklären versuche, was ich sah, dann schaut er mich an, als wollte er sagen, daß ich vielleicht ärztlichen Rat gebrauchen könnte . . .«
»Es geschah alles so schnell, daß ich erst gar nicht an das Eingreifen eines Engels dachte – erst Tage später begann ich, die Puzzlestücke zusammenzusetzen . . .«

Es war eine Freude, die Briefe zu lesen. In den folgenden Monaten, in denen noch weitere Zeitschriften meine Aufforderung druckten – und ich mutig genug wurde, die Anwesenden bei Autorenversammlungen und das Publikum bei meinen Vorträgen über Humor um Geschichten zu bitten –, teilten viele Fremde ihre »besonderen Erlebnisse« mit mir. Ich korrespondierte auch mit einigen Autoren, deren Bücher über Engel bereits erschienen waren, und bat sie um ihre Erkenntnisse oder um die Adressen von Menschen, die sie befragt hatten. Meine Unterlagen wurden immer umfangreicher.

Ich fand es faszinierend, daß (obwohl die Erlebnisse mit Engeln sich voneinander unterschieden) die *Reaktionen* der Betroffenen fast immer die gleichen waren: erst eine Scheu, das Erlebnis mitzuteilen; dann, nachdem diese einmal überwunden war, ein ehrfuchtsvolles Staunen, das noch nach Jahren durch die Erinnerung an den Vorfall wieder hervorgerufen werden konnte.

Das Zögern der Öffentlichkeit war verständlich. Ebenso wie diejenigen, die klinisch tot gewesen waren und nach ihrer Wiederbelebung versucht hatten, von ihren Erfahrungen zu erzählen, so stießen auch die von mir Befragten auf Ablehnung. Allmählich hatten sie gelernt, über ihr Erlebnis allein nachzudenken, damit dessen Wunder durch den Unglauben anderer nicht geschmälert würde. Sie alle wollten die kostbare Überzeugung nicht verlieren, daß sie besonders gesegnet worden waren und – wenn auch nur für einen Augenblick – in eine Welt hatten blicken dürfen, deren Vorhandensein sonst immer nur eine Sache des Glaubens war.

Auch die emotionale Reaktion schien bei allen gleich zu sein. Eine Frau in mittlerem Alter, mit der ich in einer Pause während einer Autorenkonferenz, mitten auf einer Treppe stehend, sprach, beschrieb eine Szene aus ihrer Kindheit. Weil sie wegen irgendeiner Kleinigkeit verärgert war, lief sie in den Wald und verirrte sich prompt. Während es immer dunkler wurde, ging sie immer weiter, bis sie zu ihrem Entsetzen ihre eigenen Fußspuren entdeckte: Sie war im Kreis gelaufen. Plötzlich fühlte sie eine sanfte Hand an ihrer Stirn, und eine freundliche innere Stimme sagte ihr, sie solle »einfach geradeaus« gehen. Sie gehorchte sofort, und nach weniger als einer Meile sah sie ihr Elternhaus am Horizont.

»Das ist fünfundvierzig Jahre her, aber ich kann diese Hand jetzt noch fühlen und diese wunderbare Stimme immer noch hören«, sagte sie, und ihre Augen verschleierten sich, während sie mehrmals trocken schluckte und über meinen Kopf in irgendeine Ferne schaute. Anderen schnürte es am Telephon plötzlich die Kehle zu, als sie zu beschreiben versuchten, was sie gesehen oder gehört hatten. Auch wenn niemand es voll und ganz erklären konnte, schienen doch alle durch ihre Begegnung verwandelt worden zu sein.

Während ich meine Antworten sortierte, wurde deutlich, daß sie jeweils zu einer von mehreren Gruppen gehörten. Es gab jene, die – wie die Frau im Wald – keinem Engel in menschlicher Gestalt begegnet waren, sondern ein Licht gesehen, eine Stimme gehört oder eine Berührung gefühlt hatten. Andere sprachen davon, daß ihnen in wichtigen Augenblikken eine »Anwesenheit« bewußt gewesen war – als ob enge Freunde gekommen waren, um diesen Augenblick mit ihnen zu teilen.

»Ich besuchte meine Nachbarin im Krankenhaus«, erzählte eine Frau, »und plötzlich fühlte ich die Gesellschaft von Engeln überall um uns herum. ›Oh! Da sind Engel!‹ sagte ich, bevor ich richtig nachdenken konnte. Die Patientin und ihre Schwester schienen überrascht zu sein, waren aber bereit, meine Aussage zu akzeptieren.

Am nächsten Morgen starb meine Nachbarin, und später erzählte mir ihre Schwester, welch Trost es gewesen sei, zu wissen, daß Engel bei uns in jenem Raum gewesen waren. Das ist jetzt vierzig Jahre her, und ich habe nie wieder ein solches Erlebnis gehabt, aber ich erinnere mich immer noch an jenes unbeschreibliche Gefühl.«

In vielen Briefen war von Sterbenden die Rede und davon, daß diejenigen, die bei ihnen saßen, ein Strahlen auf dem Gesicht des Sterbenden sahen oder hörten, wie er mit jemand Unbekanntem sprach, bevor er die Augen für immer schloß.

»Schau, Mutter, da sind überall Engel um uns herum, und einer ist schöner als der andre«, sagte ein elf Jahre alter Junge, der an Bauchfellentzündung starb.

»Ich sehe sie nicht, Joey«, antwortete seine Mutter. Weil sie glaubte, ihr Sohn läge im Delirium, versuchte sie, ihn zu besänftigen, aber Joseph war hartnäckig.

»Sieh doch, sie sind hier – so dicht, ich könnte sie berühren«, sagte er wieder. Josephs trauernde Mutter war betroffen von der tiefen Freude und dem Frieden ihres Sohnes, die später ein Trost für die ganze Familie waren.

F. S. Smythe, der 1933 versuchte, den Mount Everest zu besteigen, schrieb in seinem Bericht von der Expedition von der gleichen »freundlichen Anwesenheit«. »Ein seltsames Gefühl, daß jemand mich begleitete, ergriff von mir Besitz. In seiner Gesellschaft konnte ich mich nicht einsam fühlen, noch konnte mir irgend etwas geschehen. Er war ständig da, um mich bei meinem einsamen Klettern über die schneebedeckten Hänge zu beschützen. Als ich anhielt und einen Kuchen aus meiner Tasche holte, war er so nah und seine Gegenwart so stark, daß ich den Kuchen instinktiv in zwei Hälften teilte und mich mit einer Hälfte in der Hand zu meinem Begleiter umdrehte.«

Eine Frau erzählte mir von der Zeit, als sie siebzehn war und mehrere Nächte hintereinander die Anwesenheit von jemand am Fußende ihres Bettes fühlte. »Ich sah nicht wirklich etwas«, sagte sie. »Es war eher die Art Gefühl, die man hat, wenn man spürt, daß einen jemand ansieht, wenn man irgendwo im Straßenverkehr steckt oder liest oder mit dem Rücken zu einer Tür sitzt.«

Sie spürte, daß zwei Engel nebeneinander standen und sie ansahen. Ihre Mission schien darin zu bestehen, sie einfach nur zu beruhigen, und das junge Mädchen fühlte sich warm, beschützt und friedvoll. Die folgenden Jahre waren turbulent, »aber zu wissen, daß zwei Engel mich in jenen Nächten behütet hatten – und wahrscheinlich immer noch in der Nähe waren –, bewahrte mich davor, die Existenz eines liebenden Gottes in Zweifel zu ziehen«.

Theologen behaupten: Obwohl Engel als Menschen auftreten können und dies auch tun, ist ihr Bild keine Voraussetzung für ihre Gegenwart; Gott und seine Boten sind jenen, die sie *nicht* sehen, ebenso nahe, wie denen, die sie sehr wohl sehen. Es wird sicherlich Zeiten geben, in denen wir nicht bemerken, daß ein Engel uns behilflich gewesen ist. Wir fühlen einen Stups, einen geheimnisvollen Drang, etwas Ungewöhnliches zu tun. Oder etwas wird auf merkwürdige Weise für uns erledigt. Vielleicht ist eine plötzliche blitzartige Einsicht tatsächlich nichts weiter als ein Geistwesen, das eingreift, damit wir sicher und gesund bleiben. »Ein Engel streckt seine Hand nach uns aus und umarmt uns, und wir sagen, ›Was für ein herrlicher Tag!‹« schrieb mir jemand.

Eine zweite Gruppe von Briefschreibern erblickte niemanden, der sie beschützte – aber andere, die anwesend waren, sahen sie. Ein Leser schickte mir die sehr gut belegte Geschichte von Alice Z., einer jungen Sieben-Tags-Adventistin, die in einer üblen Gegend auf den Philippinen christliche Traktate verkaufte. Alice wurde in einem Haus begrüßt, wo die Wachhunde seltsamerweise eher freundlich als gefährlich zu sein schienen. *Zwei* Stühle statt einem standen für sie bereit, und die Dame des Hauses sprach zum zweiten Stuhl hin, als ob jemand auf ihm säße, und sagte zu Alice, daß ihrer »Begleiterin« die weiße Kleidung sehr gut stünde. Ich fand noch weitere Berichte, in denen der beschützten Person – wie Alice – nicht bewußt war, daß überhaupt jemand zugegen war, aber die anwesenden Zeugen – alles glaubwürdige, normale Menschen – beharrten darauf, jemanden gesehen zu haben.

Die Mehrheit der Briefschreiber berichtete von Begegnungen mit Engeln, die in menschlicher Gestalt aufgetreten waren; einige überbrachten Botschaften, andere retteten die betreffende Person aus einer schwierigen oder gefährlichen Situation. Zumeist waren diese Besucher sehr schweigsam – sie erledigten ihre Arbeit und verschwanden wieder. Gelegentlich hatte eine solche Erfahrung etwas Überirdisches, und die Person erkannte das Wesen als einen Engel.

Der Geistliche John Weaver zum Beispiel war mit einem Bekannten in Montana auf Elchjagd gegangen. John hatte zwei Drittel des Weges zu einem Hügelkamm zurückgelegt, als er einen Mann aus dem Wald auf dem nächstgelegenen Hügel kommen sah. Der Fremde war nicht wie ein Jäger gekleidet und trug auch kein Gewehr, und obwohl er scheinbar in normalem Tempo ging, legte er die Strecke zu John so schnell zurück, daß es wie wenige Sekunden schien.

Und er hinterließ im Schnee keine Fußspuren.

»Der Mann ging auf mich zu und schüttelte meine Hand. ›John, weißt du, wer ich bin?‹ fragte er mich.«

Und Weaver erkannte ihn mit den erleuchteten Augen des Glaubens. Der Mann war derselbe, der John etwa zwanzig Jahre zuvor geholfen hatte, als dessen Auto mit einer Panne liegengeblieben war.

Die beiden saßen auf einem Felsen, sprachen über Johns derzeitiges Seelsorgeramt und seine Bedürfnisse – wie zwei Freunde –, und der Engel/Besucher ging wieder, nachdem er Weaver Gottes Liebe und Verläßlichkeit zugesichert hatte.

In diesem Fall wußte Weaver wegen der fehlenden Fußspuren und des sofortigen spirituellen Wiedererkennens, daß sein Besucher ein Engel war. Für die meisten meiner Briefschreiber waren die Begegnungen jedoch so konventionell, daß sie erst später über sie nachzudenken begannen. »Es schien einfach zu zufällig zu sein . . .« oder: »Es dauerte eine Weile, bis mir klar wurde, wie seltsam das alles war . . .« waren typische Kommentare. Weil diese »Besucher« in menschlicher Gestalt auftraten, war es zunächst einfach gewesen, eine Erklärung für sie zu finden.

Ich entdeckte, daß dies nichts Neues war. Zu allen Zeiten sind Engel bezeichnenderweise in einer Gestalt aufgetreten, die die betreffende Person jeweils am ehesten zu akzeptieren bereit war – zum Beispiel in einer geflügelten Gestalt für Kinder oder einer gütigen, großväterlichen Person für eine Frau in Not. Ich fand Berichte von Engeln, die in vertrauten Dialekten sprachen oder der gleichen Rasse wie die besuchte Person angehörten. »Engel – und nur Engel – sind Geist ohne Körper«, stellt der Philosoph Mortimer J. Adler in *Die Engel und wir* (New York: Macmillan, 1982) fest. »Ihre Faszination besteht darin, daß sie, wenn sie einen Körper annehmen, dies nur tun, um ihre irdische Aufgabe zu erfüllen.«

Außerdem schien es keine Rolle zu spielen – zumindest nicht für meine Briefschreiber –, ob sie *wußten*, daß ihr Helfer ein Engel war; das eigene Erkennen oder der eigene Glauben waren keine Voraussetzung für Hilfeleistung. Aber es scheint einen gemeinsamen Nenner zu geben: Die Autorin und Engelsforscherin Betty Malz stellt fest, daß Engel niemals ihren Schutz verleihen, wenn jemand *absichtlich* die Gesetze der Gesellschaft oder auch die Naturgesetze verletzt – indem er beispielsweise riskant schnell fährt oder andere bestiehlt oder mißbraucht. Der eigenen Unbesonnenheit nachzugeben oder sich bewußt in Gefahr zu bringen und dann darauf zu warten, daß Gott uns hilft, führt uns, sagt Malz, offenbar aus der »Sicherheitszone« heraus, in der Engel tätig sind. Sie und weitere glauben jedoch, daß andere für uns eintreten und möglicherweise spirituelle Hilfe für uns herbeirufen können.

Viele dieser Geschichten bestätigen Malz' Beobachtung: Einige der Briefschreiber baten um Hilfe oder »stimmten sich ein« auf das himmlische Reich, als Hilfe kam. Einige brachten eine ähnliche Theorie vor: Solange wir ihre Hilfe nicht *gezielt* erbitten, können Engel nur in beschränktem Maße Hilfe leisten.

Eine kleine Gruppe meiner Briefschreiber schließlich berichtete, sie hätten einen richtigen Engel gesehen, ein Wesen, das so *aussah*, wie wir alle annehmen, daß Engel aussehen. »Wie können Sie so sicher sein, daß das nicht alles . . . Sie wissen schon . . . Spinner sind?« fragte mich meine Friseuse einmal, als ich ihr während eines Haarschnitts von meinem Projekt erzählte. Das konnte ich natürlich nicht; und es setzt wohl bei jedem einen Glauben voraus, ihre Geschichten als wahr zu akzeptieren.

Aber andererseits: Diesen Leuten war es *gleichgültig*, ob ihnen jemand glaubte oder nicht. Ihre Überzeugung war sehr stark in ihrer Einfachheit. »Ich weiß, was ich sah – und es veränderte mein Leben«, sagte eine Frau ganz ruhig. Das schien ihr zu genügen.

Durch Tims Erlebnis angeregt, hatte ich begonnen, diese Geschichten zu sammeln. Jetzt saß ich also da mit überquellenden Ordnern, in denen ich im Wartezimmer eines Zahnarztes oder in der Bahn las. Diese Briefe verdienten eine größere Öffentlichkeit. Ich wählte einige der interessantesten aus und begann, ein Buch zu schreiben.

Was hat dieses Unternehmen mich gelehrt? Ich bin einmal der Meinung gewesen, daß Engel unbedeutende Mitarbeiter in der spirituellen Welt seien und eine eingehende Beschäftigung mit ihnen uns von Gott ablenken könne. Heute jedoch glaube ich, daß Engel uns helfen, unsere Seelen himmelwärts und zu IHM zu richten. Zu allen Zeiten sind sie Teil des göttlichen Plans gewesen; es scheint also, Gott möchte, daß wir von ihnen wissen und uns die Freiheit nehmen, sie um Schutz für uns und unsere Lieben zu bitten. Das Thema Engel verlangt sehr viel Unterscheidungsvermögen und Ehrfurcht. Engel dürfen nicht als eine Kuriosität abgehandelt werden, sondern als Wesen, von denen wir viel lernen und bekommen können. Kurz gesagt: Sie können unsere geliebten und liebevollen Begleiter werden . . . wenn wir bereit sind, sie in unser Leben einzulassen.

»Man kann Engel in einer Vielzahl von Gestalten erleben, und es gibt dabei ein Element der Überraschung, auf das man gefaßt sein muß«, schreibt G. Don Gilmore in *Engel, Engel überall;* »aber solange die Menschen ihr kindliches Staunen und ihre Vorstellungskraft nicht wiederbeleben, werden sie diese Dinge vielleicht niemals erfahren.«

Jesus sagte es so: »Wenn ihr nicht werdet wie die Kindlein, könnt ihr nicht eintreten in den Himmel.« Er sprach vom Vertrauen, vom Staunen, vom unschuldigen Annehmen der Dinge, die nicht beweisbar sind. Kurz gesagt, er sprach vom Glauben. »Selig, der nicht sieht und dennoch glaubt.«

Die Menschen, die ihre Erlebnisse in diesem Buch mit anderen geteilt haben, vermuten alle, daß sie von den gleichen geistigen Boten berührt wurden, die die Welt bei ihrem Beginn zierten – nur der Schauplatz hat sich geändert. Und sie haben ein Gefühl des unbeschreiblichen Staunens übrigbehalten, die tröstliche Zusicherung, daß Gott sie liebevoll in seiner Hand hält, wie unzureichend sie auch sein mögen.

Wie es im Sprichwort heißt: Diejenigen, die bereit sind zu glauben, brauchen keine Erklärung der nun folgenden Seiten; diejenigen, die nicht zu glauben bereit sind, wird keine Erklärung erreichen.

War es ein Engel? Es liegt ganz bei Ihnen.

Engel im Cockpit

Wie süß sie trieben auf den Schwingen
Der Stille durch das leere Gewölbe der Nacht . . .

MILTON, »COMUS«

David Moore und seine Frau Florence erfuhren im Juli 1971, daß Florences Mutter tödlich an Krebs erkrankt war. Sie lebten damals in Yoakum, einer kleinen Stadt in Texas, fuhren jedoch oft mit dem Wagen nach Hendersonville, North Carolina, um die kranke Frau zu besuchen. Nach einer solchen Reise beschloß David, den Wagen in North Carolina zu lassen, damit Florence ihn benutzen konnte, und mit dem Bus nach Texas zurückzufahren.

»Das war die schlechteste Idee, die ich jemals hatte«, sagt er und lacht dabei. »Sechsundvierzig Stunden Fahrt und ständig Babygeschrei! Bei unseren finanziellen Verhältnissen konnte ich es mir nicht leisten zu fliegen, aber ich schwor, ich würde künftig zu Fuß gehen, wenn es sein mußte – nur nicht wieder mit dem Bus fahren!«

In der Woche darauf, als David schon eine Route plante, die er per Anhalter fahren wollte, rief ihn Henry Gardner an. Henry hatte von Davids Fahrproblem gehört und bot ihm an, ihn in seiner kleinen Cessna 180 nach North Carolina zu fliegen; dankbar nahm David an.

Er war noch niemals in einem kleinen Flugzeug geflogen und dementsprechend nervös, als sie am nächsten Morgen über die Startbahn rollten. Doch die kleine Maschine erhob sich elegant in die Luft, und David lehnte sich zurück, um sich mit seiner ungewohnten Rolle als Navigator zu befassen.

Aber nach einer halben Stunde, während sie sich Houston näherten, gerieten sie in dichten Nebel.

»Kein Problem«, versicherte Henry dem zunehmend nervösen David. »Wir haben Flugkarten an Bord, und, schau mal, die Sendemasten von Radio Houston ragen über den Nebel hinaus; wir müssen nur auf die Masten achten und wissen genau, wo wir sind.«

Er hatte recht, und sie setzten ihre Reise fort. Aber der Nebel wurde immer dichter, und hinter Jackson, Mississippi, fielen das Funkgerät und die Instrumente des Flugzeugs aus. Jetzt konnten die beiden weder etwas auf dem Boden sehen noch mit den Leuten im Kontrollturm sprechen.

Gerade als David dabei war zu verzweifeln, lichtete sich der Nebel einen Augenblick direkt unter ihnen. Vorsichtig landete Henry das Flugzeug, und bald darauf fanden sie einen Mechaniker. Erleichtert nahmen die beiden Männer ein schnelles Mittagessen zu sich; Funkgerät und Instrumente wurden repariert, der Tank aufgefüllt, und schon befanden sie sich wieder in der Luft.

Eine Weile ging alles glatt. Die Sonne war herausgekommen, und Davids Spannung ließ ein wenig nach. Er begann den Flug und die Aussicht von oben zu genießen. Während sie nordöstlich weiterflogen, konnte er Atlanta zu seiner Rechten sehen. »Ich wurde ganz aufgeregt«, sagt David; »ich wußte, daß ich bald wieder bei meiner Frau und meiner Tochter sein würde.«

Aber während sie an Greenville, South Carolina, vorbeiflogen, wurde der Nebel, der zwischendurch leicht und unregelmäßig gewesen war, wieder zu einer dichten, grauen Masse. Henry hatte genügend Sicht, um sicher über den ersten Gebirgszug zu kommen, aber als sie in die Ferne schauten, sahen die beiden nur eine undurchdringliche Nebelwand, und ihr Mut sank. Henry funkte Asheville Airport an und bat um Instruktionen.

»Unser Platz ist wegen Nebels geschlossen«, antwortete

der Mann im Kontrollturm; »und wir haben hier keine Einrichtungen für eine Instrumentenlandung. Fliegen Sie nach Greenville zurück und landen Sie dort.«

»Aber das geht nicht«, protestierte Henry. »Wir haben fast keinen Sprit mehr – es reicht nicht bis nach Greenville zurück.«

Nach einigen Augenblicken sagte die Stimme: »Okay, wir holen die Bodenmannschaft zusammen. Sie werden eine Notlandung machen.«

David klammerte sich an seinem Sitz fest. Sie schienen in einer dicken, grauen Decke zu fliegen, und der Kontrollturm in Asheville konnte sie auf keinen Fall sehen. Wie sollten er und Henry je landen? »Wir können die Navigationskarten benutzen, so wie vorhin«, beruhigte ihn Henry, und nach einem kurzen Blick auf die Karte begann er mit dem Sinkflug. Die Landebahn *sollte* jetzt unter ihnen sein – aber was war, wenn nicht?

Plötzlich kam eine Stimme über das Funkgerät: »Zieht sie hoch, zieht sie hoch!«

Henry zog sofort den Steuerknüppel hoch. In einer Lücke im Nebel sahen die Männer zu ihrem Entsetzen, daß sie sich nicht über der Landebahn, sondern über einer Autobahn befanden! Nur wenige Meter tiefer, und sie wären mit einer Brücke kollidiert und abgestürzt.

Die beiden sahen einander an. Sie hatten fast keinen Treibstoff mehr, und in diesem schrecklichen Nebel war es unmöglich festzustellen, wo sie waren. Henry versuchte noch einmal hinunterzugehen, aber er streifte fast die Spitzen einiger Bäume, die über den Nebel hinausragten. Wieder zog er scharf nach oben. Es schien keinen Ausweg aus ihrem Dilemma zu geben. Ohne genügend Sprit oder Lenkung vom Kontrollturm – wie sollten sie da landen?

Dann unterbrach zu ihrer großen Erleichterung die ruhige Stimme des Fluglotsen im Kontrollturm die Stille im Cockpit: »Wenn ihr tut, was ich euch sage, helfe ich euch nach unten«, sagte er.

»Also los«, funkte Henry erleichtert zurück.

Der Fluglotse gab seine Anweisungen. »Geht nur ein wenig herunter«, sagte er. »Jetzt nach rechts, noch ein wenig tiefer . . .«

David hielt sich an seinem Sitz fest und betete inbrünstig. Gott sei Dank hatte der Lotse sie auf seinem Radar ausmachen können – obwohl der Flugplatz anscheinend nicht über die notwendigen Instrumente verfügte. Aber würden sie es rechtzeitig schaffen? Es schien unmöglich. Die Nadel des Treibstoffanzeigers zitterte über dem *E*, aber die Stimme fuhr mit ruhiger Bestimmtheit fort: »Nicht so schnell. Langsam, langsam . . .« Würde dieser Alptraum jemals enden? Und würde er seine Frau und seine Tocher wiedersehen?

»Jetzt ein wenig hochziehen. Nein, zu weit links.« Die Landung schien ewig zu dauern. Doch plötzlich sagte der Lotse: »Ihr seid jetzt genau über der Landebahn. Setzt sie auf . . . jetzt!«

Henry gehorchte und ließ die Maschine durch den Nebel sinken, und die beiden Männer erkannten den Anfang der Rollbahn und die Lichter auf beiden Seiten kurz vor ihnen. Es war der schönste Anblick, den sie jemals gesehen hatten. Nach wenigen Minuten waren sie gelandet. Tränen der Dankbarkeit füllten Davids Augen, als er Florence am Ende der Landebahn stehen sah.

Langsam rollte die Maschine aus, und die beiden Männer schickten ein kurzes Dankgebet gen Himmel. Dann schaltete Henry das Sprechfunkgerät wieder an. »Vielen Dank auch«, rief er dem Mann im Kontrollturm zu, und seine Stimme zitterte vor Erleichterung. »Sie haben uns wahrscheinlich das Leben gerettet.«

Aber die Antwort des Mannes traf sie wie ein Blitz. »Wovon reden Sie? Seit wir Sie nach Greenville zurückgeschickt haben, haben wir keine Funkverbindung mehr mit Ihnen gehabt.«

»*Wie bitte?!*« fragte Henry ungläubig.

»Wir haben seitdem nichts mehr von Ihnen gehört, und wir haben Sie auch nicht mit uns oder irgend jemand sonst reden hören«, sagte der Mann. »Wir waren völlig überrascht, als wir Sie durch die Wolken kommen sahen.«

David und Henry sahen einander an. Wer hatte sie durch den dichten Nebel sicher auf den Boden geführt? Sie würden es niemals erfahren. Aber heute noch muß David, wenn er ein kleines Flugzeug hört, an diesen Flug denken. »Ich weiß jetzt, daß Gott, auch wenn ich in dieser großen Welt noch so unbedeutend bin, sein Auge auf mir hat«, sagt er. »Er beschützt mich in Sturm und Nebel.«

Beschützer in der Nacht

Wir sind wie Kinder, die einen Herrn und Meister brauchen, der uns erleuchtet und uns leitet; und Gott hat dafür gesorgt, indem er seine Engel dazu ernannt hat, unsere Lehrer und Führer zu sein.

THOMAS VON AQUIN

William und Virginia Jackson stammen aus Neu-England, wohnen aber schon einige Jahre in Florida. Virginia bittet häufig ihren Engel um Hilfe. Einmal fuhren die beiden von Las Vegas nach El Paso durch das Todestal – und entdeckten erst später, daß der Keilriemen ihres Autos überhaupt nicht funktioniert hatte: Wie waren sie ohne dieses absolut notwendige Motorenteil heil durch diese tückische Wüste gekommen? Virginia glaubt, daß sie von geistigen Wesen beschützt wurden.

Doch vor allem auf einer anderen Reise, vor etwa sechs Jahren, schien der von Engeln gebotene Schutz besonders wirksam zu sein. Die Jacksons hatten ihre Tochter in Hudson besucht und fuhren, an einem Sonntagabend, wieder heim. »Wir reisen nicht gern um diese Zeit, denn in der Gegend, in der wir wohnen, ist alles geschlossen und verlassen«, sagt Virginia. »Wenn man mit dem Wagen Schwierigkeiten bekommt, kann man nirgendwo um Hilfe bitten.«

Sie hatten erst eine kurze Strecke zurückgelegt, als die Scheinwerfer ihres Autos ausfielen. Was sollten sie tun? William fuhr rechts heran, öffnete die Kühlerhaube und blickte hoffnungsvoll die Straße hinab. Virginia begann zu beten.

Innerhalb kürzester Zeit hielt ein Polizeiwagen an. »Kennen Sie eine Werkstatt hier in der Gegend, die sonntags offen ist?« fragte William.

Der Polizeibeamte dachte einen Augenblick nach. »Das könnte sein. Warum schalten Sie nicht einfach Ihre Warnblinkanlage an und fahren hinter mir her?«

Das taten die Jacksons; doch die Werkstatt war geschlossen. Weil sie in einem benachbarten County wohnten, konnte der Polizist seine Strecke nicht verlassen und sie weiter begleiten. Statt dessen führte er sie zur Route 41. »Parken Sie einfach hier«, schlug er vor. »Irgend jemand kommt mit Sicherheit vorbei, der Sie weiter dorthin geleiten kann, wo Sie wohnen.«

Während der Beamte noch sprach, hielt vor ihnen ein Auto, und William und der Polizist gingen hin, um mit dem Fahrer zu sprechen.

»Na, haben wir kein Glück?« sagte William zu Virginia, während er sich hinter das Steuer setzte und der Polizeibeamte wegfuhr. »Der Mann vor uns fährt direkt bis zu unserer Stadt. Er wird ganz langsam fahren, und ich hab' ihm gesagt, sobald wir an die Route 44 kommen, biegen wir ab. Was für ein Glück, hier draußen jemanden zu finden, der in unsere Richtung fährt!«

Virginia war sich dessen nicht so sicher; sie fuhr fort zu beten.

Als sie ihre Ausfahrt erreicht hatten, hupten sie; der gute Samariter vor ihnen winkte und fuhr weiter. Langsam krochen die Jacksons bis in die Mitte ihrer scheinbar verlassenen Stadt, bis vor die Mid-State-Bank. Sie waren nur noch wenige Meilen von zu Hause entfernt, aber in der Dunkelheit wäre es äußerst gefährlich gewesen weiterzufahren.

»Warum bleiben wir hier nicht einfach eine Weile stehen – vielleicht kommt jemand vorbei, den wir kennen?« schlug Virginia vor.

Einige Minuten vergingen. Dann näherte sich ein rotes Auto. Anstatt zu parken oder sich aus dem Wagen zu lehnen und zu erkundigen, verlangsamte der Fahrer, der im dunklen Wageninneren nicht zu erkennen war, sein Tempo und hielt dann vor den Jacksons an. In der schwachen Beleuchtung des Parkplatzes vor der Bank konnte Virginia die ersten Ziffern auf dem Nummernschild des Autos erkennen, und sie schienen ihr vertraut zu sein.

»Ich glaube, das ist jemand, den wir kennen«, sagte sie zu William.

»Jedenfalls scheint er darauf zu warten, daß wir ihm folgen.« William startete das Auto, während der Fremde langsam wieder anfuhr.

Das letzte Stück ihrer Reise war beinahe vorbei – welch eine Erleichterung. Sie hätte so gefährlich sein können, und dennoch waren sie auf jedem Meter des Weges beschützt worden. Virginia schaute die ganze Zeit nach dem Wagen, der vor ihnen herfuhr. Obwohl der Fahrer immer noch nicht erkennbar war, konnte sie doch nacheinander die restlichen Ziffern des Nummernschildes lesen. »Oh, jetzt weiß ich, wer das ist!« sagte sie schließlich zu William. »Ich erkenne die Nummer. Das Auto steht in einer Einfahrt einen Block von unserem Haus entfernt. Ich komme ständig dran vorbei – kein Wunder, daß es mir bekannt vorkam.«

Und tatsächlich, als der Fahrer sich diesem Haus näherte, hupte er und bog in die Einfahrt. William und Virginia winkten zum Dank und fuhren zu ihrem eigenen Haus weiter – erleichtert, daß sie sich nach den Aufregungen entspannen konnten.

Am nächsten Tag beschlossen sie, dem Fahrer persönlich zu danken, und gingen zu dem Haus. Dasselbe rote Auto mit demselben Nummernschild stand in der Einfahrt, in die sie es in der vergangenen Nacht hatten einbiegen sehen.

Auf ihr Klopfen hin öffnete eine Frau die Tür; doch als die Jacksons anfingen, sich zu bedanken, wurde sie immer verwirrter. »Ich war die ganze Nacht nicht draußen«, erwiderte sie. »Ich fahre niemals nachts.«

»Dann war das Ihr Mann«, folgerte Virginia.

»Das ist unmöglich«, sagte die Frau. »Mein Mann kann Sie gar nicht nach Hause geführt haben.«

»O doch«, sagte Virginia. »Ohne seine Hilfe würden wir wahrscheinlich immer noch vor der Bank stehen. Ich habe Ihr Nummernschild gesehen. Und dieses rote Auto bog ganz bestimmt in Ihre Einfahrt ein.«

Die Frau schüttelte den Kopf. »Sie verstehen nicht«, sagte sie zu Virginia. »Ich fahre als einzige von uns beiden, und ich bin seit Tagen nicht gefahren. Mein Mann kann es nicht gewesen sein – er fährt nicht mehr Auto; er ist nämlich blind.«

Später fanden die Jacksons heraus, daß der Mann tatsächlich blind war. Und noch einige Zeit danach schaute die Frau, wenn Virginia ihr begegnete, sie an, als wollte sie sagen: »Und welche Halluzination haben Sie heute gehabt?«

Seitdem rätseln die Jacksons über ihre Rettung. Aber wie immer sie auch vonstatten ging, eins ist sicher: »Während der ganzen Fahrt betete ich um Hilfe«, faßt Virginia zusammen; »warum sollte ich da überrascht sein, daß wir sie bekamen?«

Unsichtbare Intervention

Der Engel des Herrn lagert sich um die her,
so ihn fürchten, und hilft ihnen aus.

34. Psalm, 8

Corrie ten Boom war eine unverheiratete Frau mittleren Alters, die in Haarlem, Holland, ein ereignisloses Leben als Uhrmacherin führte. Als Hitlers Armeen Anfang der vierziger Jahre einen großen Teil Europas eroberten, begann Corries Bruder, ein Geistlicher der Niederländischen Reformierten Kirche, jüdische Flüchtlinge zu verstecken. Als schließlich deutsche Truppen die Niederlande besetzten, beschloß Corrie, ebenfalls jüdischen Freunden zu helfen, indem sie sie in einem geheimen Durchgang in ihrem Haus verbarg, bis sie außer Landes geschmuggelt werden konnten.

Allmählich wurde der Haushalt der ten Booms zu einem Mittelpunkt der Widerstandsbewegung ihrer Stadt; Hunderte von Juden wurden durchgeschleust, einige von ihnen für längere Zeit aufgenommen. »Mein Zimmer ähnelte einem Bienenkorb, einer Art Umschlagplatz für Angebot und Nachfrage«, schrieb sie in *Eine Gefangene – und dennoch . . .*

Am 28. Februar 1944 wurden Corrie, ihre Schwester Betsie und ihr Vater verraten und verhaftet. Obwohl die Gestapo ihr Haus durchsuchte, konnte sie jedoch keine Hinweise auf versteckte Personen finden, da das geheime Zimmer sehr klug verborgen lag. Da die ten Booms sich weigerten, das Versteck im Haus preiszugeben, wurden sie wegen Diebstahls von Lebensmittelkarten zu einer Gefängnisstrafe verurteilt. (Mit einer Ausnahme kamen all ihre Gäste schließlich in Sicherheit.)

Nach dem Urteil lebte Corries Vater nur noch zehn Tage; für sie selbst und Betsie aber war das nun folgende Jahr die reinste Hölle. Und trotzdem brachte Corrie aufgrund ihres unerschütterlichen Mutes und ihres festen Glaubens an Gott vielen leidenden Gefangenen Hoffnung und Freude. Soweit sie sich erinnert, sah sie niemals Engel »in Fleisch und Blut«, aber sie entdeckte Anzeichen für ihr Wirken.

Einmal, als sie und andere Gefangene in Ravensbrück, dem gefürchteten Vernichtungslager für Frauen, ankamen, stellte sie zu ihrem Entsetzen fest, daß man ihnen all ihre Besitztümer, einschließlich warmer Kleidung, wegnahm. In dieser verlassenen Gegend würden sie erfrieren. Und was war mit ihrer kleinen Bibel? Sie trug sie an einer Schnur um den Hals, und sie war in all diesen elenden Tagen ihr ganzer Trost gewesen. Ganz sicher würde man auch sie konfiszieren.

Bevor Corrie an der Reihe war, ausgezogen und durchsucht zu werden, bat sie um Erlaubnis, die Toilette benutzen zu dürfen. Dort wickelte sie die Bibel in Betsies und ihre wollene Unterwäsche, legte das Bündel in eine Ecke und kehrte in die Reihe der wartenden Gefangenen zurück. Später, nachdem sie die reguläre Gefangenenkleidung bekommen und angezogen hatten, versteckte Corrie das Bündel mit der warmen Unterwäsche und der Bibel darin unter ihrem Rock. Dieser wölbte sich verdächtig, aber sie betete: *Herr, schicke Deine Engel, damit sie mich umringen!*

Dann wurde ihr klar, daß Engel Geister sind, und sie änderte ihr Gebet ab: *Herr, laß sie heute nicht durchsichtig sein, denn die Wachen dürfen mich nicht sehen!*

Anschließend ging sie ruhig an den Wachen vorbei. Alle anderen in der Schlange Wartenden wurden von oben bis unten durchsucht. Die Frau vor Corrie hatte eine wollene Jacke unter ihrem Kleid versteckt, die sofort entdeckt und beschlagnahmt wurde. Nach ihr wurde Betsie durchsucht.

Aber Corrie kam durch, ohne von irgend jemandem auch nur berührt – oder angesehen – zu werden. Es war, als ob niemand sie in der Schlange stehen sah. An der Ausgangstür, wo eine zweite Reihe von Wachen den Körper jeder Gefangenen abtastete, wurde sie ebenfalls nicht bemerkt.

Bibeln waren verbotener Besitz. Mit einer Bibel erwischt zu werden, bedeutete eine Verdoppelung der Haftstrafe und eine Kürzung der Lebensmittelrationen, die ohnehin nur knapp ausreichten, daß man nicht verhungerte. Corrie lebte mehrere Monate in dieser grausamsten aller Einrichtungen und wurde oft durchsucht. Sie und Betsie hielten auch heimlich Gottesdienste und Bibelstunden für die Gefangenen aller Religionen und Nationalitäten ab. Aber ihre Bibel schien von einem unsichtbaren Schutzwall umgeben zu sein, denn sie wurde niemals von den Wachen entdeckt.

In Ravensbrück hatten die Gefangenen alle Medikamente abzuliefern, durften jedoch einige wenige Toilettenartikel behalten. Corrie besaß ein Fläschchen mit Davitamon, einer flüssigen Vitaminmischung, das etwa halb voll war, als sie nach Ravensbrück kam.

Vitaminmangel war eine der größten Gefahren für die Gefangenen, und Corrie hütete das kostbare Fläschchen für Betsie, die zu diesem Zeitpunkt abgemagert und krank war. Doch auch andere Gefangene waren leidend und hinfällig, »und es war schwer, zu Augen, die vor Fieber glänzten, und zu Händen, die vor Schüttelfrost zitterten, ›nein‹ zu sagen«, schrieb sie in *Das Versteck*. Bald erhielten mehr als dreißig Frauen ihre tägliche Dosis, und dennoch »erschien jedesmal, wenn ich die kleine Flasche auf den Kopf stellte, ein Tropfen am Ende des Stopfens. Oft lag ich wach und versuchte, dieses Wunder zu ergründen.« Auch wenn sie nicht begreifen konnte, wie es geschah: Die Tropfen kamen weiterhin.

Eines Tages schmuggelte eine Frau, die im Lagerkrankenhaus arbeitete, eine Tüte mit Hefe (die Vitamine enthält) zu Corrie und bat sie, diese auf so viele Gefangene wie möglich zu verteilen. Corrie gab jeder Frau den Vorrat einer Woche. Als sie dann jedoch ihr eigenes Fläschchen mit Davitamon öffnete, war dieses leer; aber die Hefetüte trat an seine Stelle und lieferte Vitamine noch mehrere Wochen lang. Corrie war immer überzeugt, daß bei diesen unerklärlichen Ereignissen Engel ihre Hände im Spiel hatten.

Betsie starb im Gefängnis an Unterernährung und Krankheit. Kurze Zeit danach wurde Corrie in das Büro der Lagerleitung gerufen und entlassen. Ihre Leiden waren vorüber, aber ihr Leben würde niemals das gleiche sein wie zuvor.

Corrie widmete sich einer neuen Aufgabe: Sie richtete Heime für Menschen ein, die während des Krieges unter brutaler Behandlung gelitten hatten und jetzt einen Ort fanden, an dem sie Körper und Geist wieder heilen konnten. Um ihre Heime zu finanzieren, bereiste sie die Welt und hielt Vorträge. Erst 1959 jedoch entdeckte sie die wichtigste »unsichtbare Intervention«, die ihr zuteil geworden war. Als Teilnehmerin einer Pilgerfahrt zu Ehren der sechsundneunzigtausend Frauen, die dort umgekommen waren, besuchte Corrie noch einmal Ravensbrück und erfuhr, daß ihre eigene Entlassung »irrtümlich« erfolgt war. Eine Woche, nachdem sie die Freiheit wiedergewonnen hatte, wurden alle weiblichen Gefangenen ihres Alters in die Gaskammern geschickt.

Weder Wind noch Regen ...

Millionen geistiger Wesen wandeln auf der Erde,
Ungesehen, wenn wir wachen und wenn wir schlafen ...

MILTON, »DAS VERLORENE PARADIES«

Wenn Engel Corrie ten Boom umlagerten, um sie unsichtbar zu machen, was kann ein Ring von Schutzgeistern noch für uns bewirken? Ich fand die Geschichte eines Ehepaars, das in einem Hotel übernachtete, als ein Feuer ausbrach. Es war frühmorgens um zwei Uhr dreißig, der Hotelflur stand bereits in Flammen, und zunächst glaubte das Paar, es sei verloren. Aber dann bat der Ehemann Gott um Hilfe, ergriff seine Frau an der Hand und rannte den Flur entlang. Die Flammen und der Rauch schienen zurückzuweichen, sagte er, bis sie sich in der Eingangshalle in Sicherheit gebracht hatten.

Eine andere Frau berichtete von der Zeit, als sie – gerade geschieden, verzweifelt und um Hilfe betend – ihren Lastwagen durch ein schweres Unwetter fuhr. Ihr Sohn bemerkte als erster, daß der Regen ihr Fahrzeug verschonte. In den Seiten und Rückspiegeln sahen sie, wie die Sintflut herniederkam, Blätter von den Bäumen schlug und auf Häusern und Scheunen trommelte. Aber ihre Windschutzscheibe blieb klar – obwohl die Scheibenwischer nicht eingeschaltet waren! Diese zärtliche Geste gab der Frau Lebensmut und neue Kraft für den schwierigen Weg, der vor ihr lag.

Lucille Johnson, eine Lehrerin, glaubt, daß auch sie erlebte, wie Engel sich um sie »lagerten«. 1949 gab es in der Gegend von Iowa, in der sie arbeitete, eine Polioepidemie, und sie wurde – wahrscheinlich über einen Schüler – von der Krankheit befallen.

»Mehr als sechs Monate lag ich im Krankenhaus; schließlich konnte ich an zwei abgesägten Krücken mit Armstützen, sogenannten ›Kenny-Stöcken‹, gehen«, erzählte Lucille mir. »Ich ging zurück ans College, um mein Studium zu beenden; dann unterrichtete ich wieder.« Während sie arbeitete, später heiratete und eine Tochter bekam, konnte sie sich zunächst mit zwei Krücken, dann mit einer und schließlich – »aus lauter Eitelkeit«, wie sie sagt – ohne jegliche Gehhilfe fortbewegen.

Aber die Kinderlähmung hatte ihre linke Körperhälfte geschwächt. Um ihren Körper zu stützen, muß sie heutzutage beim Gehen immer noch die Knie durchdrücken, und so benutzt sie meistens einen Stock. »Ich falle leicht hin, und einmal brach ich mir die Kniescheibe«, erklärt sie. »Starker böiger Wind ist besonders gefährlich, weil er mich aus dem Gleichgewicht bringt. Selbst als ich noch jünger war, ging ich nicht gern zum Einkaufen in die Stadt, weil ich, wenn dieser berühmte Iowa-Wind blies, kaum über die Straße gehen konnte, ohne umgeworfen zu werden!«

1977 bauten Lucille und ihre Familie sich ein Haus in der Nähe von New Salisbury, Indiana, und Lucille schloß sich der St.-Michael-Gemeinde an. Als sich das erste Weihnachtsfest in dem neuen Haus näherte, beschloß sie, Gott für seinen Segen zu danken und an jedem Tag im Dezember in die Messe zu gehen.

Während der ersten Dezemberwoche fuhr sie täglich die sieben Meilen zur St.-Michael-Gemeinde. Aber als sie am Montagmorgen der zweiten Woche erwachte, hörte sie, daß ein starker Wind blies. Der Wetterbericht warnte vor extrem starken Böen, und sie wußte, daß sie Gefahr lief, zu stürzen und sich erheblich zu verletzen. Sollte sie dieses Risiko eingehen? *Gott,* betete sie, *ich weiß, daß ich es Dir versprochen habe . . . und ich werde mein Versprechen halten . . .*

Vorsichtig fuhr Lucille nach St. Michael. Während der gesamten Fahrt rüttelte und schüttelte der Sturm ihr Auto, und es war besonders unangenehm, wenn sie durch offenes Gelände fuhr; das Fahrzeug erzitterte wie ein Spielzeug, das jederzeit umgeworfen werden konnte. Erschöpft von der anstrengenden Fahrt parkte sie schließlich etwa einen Häuserblock von der Kirche entfernt und sah sich um. Sie hoffte, jemanden mit einem starken Arm zu sehen, der nichts dagegen einzuwenden hätte, wenn sie sich bei ihm einhaken würde.

Aber sie war offensichtlich allein, und beinahe wäre sie wieder umgekehrt. Der Sturm schien noch stärker zu werden, und obwohl ihr Auto jetzt stand, ruckte es und schüttelte sich. Doch bis hierher war sie sicher gelangt . . . Zögernd öffnete sie die Autotür und stieg aus in das Unwetter.

Seltsam: Der Wind schien sich plötzlich gelegt zu haben, denn sie fühlte nichts. »Ich hatte erwartet, beinahe umgeblasen zu werden«, erzählt sie, »aber zu meiner Überraschung spürte ich nicht den kleinsten Stoß, nicht einmal einen Hauch. Die Luft schien sich überhaupt nicht zu bewegen.« Gott hatte offenbar ihr Gebet gehört und den Wind beruhigt. *Welch liebevoller Vater,* dachte sie.

Allerdings . . . Verwundert sah Lucille zu den Bäumen im Friedhof hinüber. Sie standen durchaus nicht bewegungslos da, sondern schwankten wild hin und her, und sie konnte sogar die Äste unter der Last knacken hören. Doch Lucille fühlte nichts, nicht einmal einen leichten Wind, der ihr Haar zerzaust hätte. Wie konnte das sein?

Sie wußte es nicht, aber sie schritt mit wachsender Zuversicht zu den Kirchentüren. Wahrscheinlich wehte der Wind nur weiter oben und nicht in Bodennähe, dachte sie. Wenn das möglich war, würde es das Phänomen erklären. Doch dann blieb sie wieder voller Verwunderung stehen. Mehrere braune Blätter jagten und wirbelten an ihr vorbei, offensichtlich von einer Kraft vorangetrieben, die über den Boden wehte, sie jedoch überhaupt nicht berührte.

Lucille stieg langsam die geborstenen Treppenstufen hinauf, wobei sie sich am Eisengeländer festhielt und mit dem linken Arm hochzog. Aber wieder mußte sie gegen keinen Wind ankämpfen. Oben angekommen, zog sie mit Leichtigkeit die schwere Kirchentür auf und trat ins Innere. Langsam schloß sich die Tür wieder – allerdings nicht ganz.

Von einem starken Luftstrom erfaßt, flog sie wieder auf. Lucille ergriff sie und fühlte die ganze Kraft des Sturms, der gegen sie ankämpfte. Während sie noch versuchte, die Tür zu schließen, ergriff eine Freundin diese von der anderen Seite und fiel dabei fast um. »Das ist der schlimmste Sturm, den ich je erlebt habe!« rief sie aus. Dann sah sie Lucille genauer an und sagte: »Aber du bist nicht einmal zerzaust, bist du nicht gerade eben hereingekommen?«

»Sie hatte recht. Mein Haar war überhaupt nicht zerwühlt, und auch meine Kleidung war nicht in Mitleidenschaft gezogen«, berichtet Lucille. »Ich war völlig ruhig und gelassen, obwohl draußen der Sturm nach wie vor wütete.«

Lucille wird niemals sicher wissen, ob Engel sich um sie lagerten und einen Schutzring um sie legten, einen Ring, den nicht einmal ein Orkan durchdringen konnte. Aber auch wenn die Gegenwart von Engeln vielleicht schwieriger zu fassen ist als der Wind selbst, glauben viele Menschen, daß sie absolut möglich ist.

Der Sicherheitsinspektor

Ein Engel! Oder, wenn nicht, ein irdisches Ebenbild!

SHAKESPEARE, »CYMBELINE«

Jean Hannan Ondracek aus Omaha war eine der ersten, die auf meine Bitte um Engelgeschichten antworteten. Seit ihrem Erlebnis im Jahr 1958 hat sie das Andenken daran bewahrt.

Jean war mit ihrer Schwester und zwei Freundinnen in einen Kurort in den Ozark-Bergen gefahren, um dort ein Wochenende lang die Sonne zu genießen. Weil Jean die einzige war, die schwimmen konnte, beschloß sie am Samstagmorgen, zum See zu gehen. Ihre Begleiterinnen wollten am Strand bleiben und sich um ihre Sonnenbräune kümmern. »Es waren noch einige Leute am Strand«, erinnert sich Jean, »aber niemand war in der Nähe der Stelle, wo wir uns aufhielten. An diesem Strandabschnitt gab es keine Strandwache, und ich war anscheinend die einzige, die in dem See schwamm.«

Die Sonne war warm, das Wasser erfrischend, und rasch war Jean weit auf den See hinausgeschwommen. An einer Stelle, die viel weiter vom Strand entfernt war, als sie gedacht hatte – und wo der See sehr tief war –, geriet sie plötzlich außer Atem. Voller Schrecken erkannte sie, daß sie nicht genügend Kraft hatte, wieder zum Strand zurückzuschwimmen.

Verzweifelt rief und winkte sie, aber sie konnte die winzigen Gestalten im Sand kaum erkennen. Und niemand schaute in ihre Richtung. Während ihre Angst zunahm, wurde ihr klar, daß sie ertrinken könnte. »Gott, hilf mir! Hilf mir!« betete sie laut.

Plötzlich sah sie etwas zu ihrer Linken im Wasser treiben. Ein Boot! Es sah wie ein altes, verlassenes Kanu aus. Wenn sie hingelangen könnte, würde sie vielleicht ans Ufer zurückpaddeln können ... Mit letzter Kraft schwamm sie zu dem Boot hinüber, aber ihr Mut sank wieder, als sie es genauer ansah. Es war tatsächlich sehr alt, ohne Paddel und anscheinend mit einer Kette oder einem Anker am Boden des Sees festgemacht worden. Doch sie konnte sich eine Weile daran festhalten und wieder zu Atem kommen, und das war gewiß ein Segen. Aber ihr Problem war dadurch im besten Fall nur aufgeschoben.

Wie lange würde sie sich festhalten können, bis Pat und die anderen ihre Abwesenheit bemerkten? Oder würden sie einfach annehmen, daß sie an einer anderen Stelle des Strandes zurückgekehrt war, und folglich keinen Alarm schlagen? Was, wenn die Sonne zu heftig brannte oder ihre Arme, mit denen sie sich an der glitschigen Bootswand festhielt, ermüdeten? Was, wenn das alte Boot unter ihrem Gewicht zersplitterte? Jean begann zu weinen. »Hilfe!« rief sie wieder. »Hilft mir denn niemand?!«

Zu ihrer Rechten hörte sie plötzlich das Wasser spritzen. Sie schaute hinüber und sah einen Mann, ein wenig älter als sie, durch das Wasser gleiten. Vor ihr wassertretend, begrüßte er sie, als sei es die natürlichste Sache der Welt, hier mal eben vorbeizukommen: »Hallo, haben wir Probleme?«

»Ich bin ganz außer Atem und kann nicht wieder zurück«, antwortete sie voller Erleichterung. »Wo kommen Sie her? Ich habe niemanden schwimmen sehen – und ich habe doch nach Hilfe Ausschau gehalten!«

Der junge Mann zuckte nur mit den Schultern. »Oh, ich bin Sicherheitsinspektor, und wenn es sein muß, gehört zu meiner Arbeit, Leute aus dem Wasser zu retten. Glauben Sie, daß Sie zurückschwimmen können?«

»O nein.« Jean schüttelte den Kopf. »Ich bin völlig erschöpft.«

»Ach was, das wird schon gehen!« Der junge Inspektor lächelte aufmunternd. »Ich schwimme neben Ihnen her, bis Sie zum Strand gelangt sind. Wenn Sie in Schwierigkeiten kommen, werde ich Sie stützen.«

»Nun . . .« Er schien ganz zuversichtlich zu sein. Vielleicht *könnte* sie es schaffen, zumal wenn er in der Nähe blieb, um ihr zu helfen.

Irgendwie raffte Jean ihre ganze Kraft zusammen und schwamm die ganze Strecke zurück. Der Sicherheitsinspektor sagte nicht viel, schwamm aber, wie versprochen, neben ihr her und behielt sie sorgfältig im Auge. Mit allerletzter Kraft taumelte Jean triumphierend auf den Sandstrand. Pat und die anderen lagen immer noch auf ihren Decken und sahen zu, wie sie durch das seichte Wasser watete. »Was war mit dir los?« rief Pat. »Du warst so lange weg.«

»Ich bin fast ertrunken«, sagte Jean völlig außer Atem und schleppte sich zu ihnen hinüber. »Wenn die Strandwache nicht gewesen wäre . . .«

»Welche Strandwache?« fragte Pat und schaute an Jean vorbei.

»Die Wache, der Sicherheitsinspektor, der mit mir zurückgeschwommen ist.« Jean wandte sich um und wollte auf ihn zeigen.

Aber da war kein junger Mann am Strand, niemand schwamm in den See hinaus, und weder nach rechts noch nach links ging irgend jemand am Wasser entlang davon. Und Jeans Freundinnen hatten auch niemanden gesehen, der sie begleitet hätte.

Jean sah ihren Retter nie wieder; später fand sie heraus, daß der Kurort weder Strandwachen noch einen »Sicherheitsinspektor« beschäftigte. Vielleicht war es eine Wache ganz anderer Art.

Engel auf dem Highway

»Siehe, ich sende einen Engel vor dir her,
der dich behüte auf dem Wege . . .«

2. Mose, 23,20

Eines der ersten Dinge, die mir auffielen, während ich meine Post sortierte, war, daß mein Sohn Tim reichlich Gesellschaft hatte – viele Menschen schienen Engeln beim Autofahren zu begegnen! Wenn man bedenkt, welchen Gefahren wir im Verkehr ausgesetzt sind, liegt es auf der Hand, daß unsere Engel gerade dabei viel zu tun haben. So erzählte mir zum Beispiel die Frau eines Geistlichen von einer Fahrt, die sie durch Kentucky unternahm. Auf einer zweispurigen Straße befand sie sich hinter einem Kohlenlaster, und nachdem sie vorsichtig an ihm vorbei geschaut hatte, scherte sie aus, um ihn zu überholen. Aber da sah sie voller Entsetzen einen riesigen Sattelschlepper auf sich zukommen.

»Der Fahrer des Kohlenlasters sah meine Not und drückte sich so weit nach rechts, wie er nur konnte, aber drei Fahrzeuge konnten unmöglich aneinander vorbeifahren, und ich hatte auch nicht genügend Zeit, wieder auf die rechte Spur zu kommen«, erinnert sie sich. Starr vor Schreck wartete sie auf den unvermeidlichen Zusammenstoß. Aber als der Sattelschlepper auf sie zukam, löste er sich in Luft auf.

Völlig entgeistert fuhr sie wieder hinter den Kohlenlaster und schaute in den Rückspiegel. Der Sattelschlepper war nirgends zu sehen. »Wir waren fünf Personen im Auto«, erzählte sie mir. »Alle sahen wir den Sattelschlepper auf uns zukommen. Doch niemand sah, wohin er verschwand.«

Es gibt noch weitere Geschichten:

Sharon W. fährt nicht oft; als sie folglich an einem regnerischen Abend zum Haus einer Kollegin fahren wollte, gab ihr ihre Zimmergenossin genaue Anweisungen. Aber der Regen verwandelte sich in Schnee, und Sharon wurde nervös. Sie wußte, sie hatte nicht genügend Fahrpraxis, um sicher durch dieses schlechte Wetter zu kommen.

Als sie zu schnell über eine Kreuzung fuhr, trat sie auf die Bremse, und der Wagen rutschte gefährlich dicht auf einen Lichtmast zu. »Oh, Engel, helft mir!« rief sie, und sofort kam der Wagen wieder in die richtige Spur.

»Es war, als würde er hochgenommen und herumgedreht«, sagt sie. »Ich befand mich auf der richtigen Seite der Straße und in der richtigen Richtung.« Ein wenig mitgenommen fuhr Sharon weiter zu ihrem Ziel.

Als sie zu Hause ankam, erzählte sie ihrer Zimmergenossin von ihrem Beinaheunfall. »Das wundert mich nicht«, antwortete ihre Freundin. »Nachdem du weggefahren warst, fing ich an, mir wegen des Wetters Sorgen um dich zu machen. Also schickte ich meinen Schutzengel los, dich zu begleiten.«

Bernadine Jones fuhr in Richtung Norden auf einer zweispurigen Straße in Denver. Sie näherte sich einer Kreuzug, auf der sie entweder geradeaus weiterfahren oder nach links abbiegen konnte. Sie hatte vor, die linke Spur zu nehmen, war jedoch mit dem Weg nicht recht vertraut, und als eine Stimme ihr befahl: »Sofort langsam fahren!«, da gehorchte sie, ohne nachzudenken.

Bernadine kam beinahe zum Stehen und sah zu ihrem Erstaunen, wie ein entgegenkommendes Auto mit hoher Geschwindigkeit über die Linkskurve fuhr – genau dort, wo sie gewesen wäre, wenn sie nicht auf die Bremse getreten hätte.

Erst später machte Bernadine sich klar, daß die Stimme aus ihrem eigenen Auto gekommen war – aber sie war allein.

Mae Warrick verließ das Optikergeschäft und ging zu ihrem Auto. Als sie die Vordertür öffnete, hörte sie eine Männerstimme sagen: »Leg den Sicherheitsgurt an!« Mae wandte sich um und erwartete, jemanden zu sehen; aber die Straße war leer.

Spielte ihr jemand einen Streich? Verwirrt legte sie den Gurt an. Sie fuhr zu ihrer Lieblings-Autobahnraststätte und war gerade dabei, nach links in die Einfahrt einzubiegen, als sie – zu spät – erkannte, daß dort ein Lastwagen stand und sie ihr Einbiegemanöver nicht zu Ende bringen konnte. Ein aus der Gegenrichtung kommendes Auto konnte nicht mehr rechtzeitig bremsen und rammte ihren Wagen.

»Trotz des Sicherheitsgurts brach ich mir eine Rippe und erlitt einige Prellungen«, erzählt die achtzigjährige Frau. »Ich frage mich, in welcher Verfassung ich wäre, wenn ich die Anweisung meines Engels nicht befolgt hätte!«

Auch Janet Notte-Corrao hielt sich eines Nachts an eine Anweisung. Sie saß auf dem Beifahrersitz neben ihrem Ehemann, die beiden Kinder befanden sich auf der Rückbank. Janet erschrak keineswegs, als sie, während das Auto in eine Kurve fuhr, plötzlich eine Stimme hörte. Sie hatte ihren Engel schon vorher gehört. Obwohl die Botschaft für die anderen im Auto nicht vernehmbar war, hörte sie: »Bete, Janet! Ein Auto kommt euch entgegen, das mit euch zusammenstoßen wird, sobald ihr in eure Einfahrt einbiegt. Bete!«

Während die Worte gesprochen wurden, empfing Janet eine Vision von dem anderen Fahrzeug, wie es mit ihrem eigenen Auto zusammenstieß. *O Gott,* betete sie, *bitte umgib unser Auto mit der Schar deiner Engel!*

Janets Mann fuhr sehr vorsichtig. Ohne jede Vorwarnung hörte sie plötzlich das Kreischen der Räder und spürte einen starken Ruck, als er auf die Bremse trat.

»Ich war immer noch so sehr in mein Gebet vertieft, daß die plötzliche Bewegung mich beinahe überraschte«, sagt Janet. »Sie warf mich nach vorn – dank meines Sicherheitsgurts *nicht* durch die Windschutzscheibe; aber die beiden Autos stießen nicht zusammen. Wir standen einander so dicht gegenüber, daß die Scheinwerfer des anderen Autos uns in die Augen leuchteten.«

Bevor Janets überraschter Mann noch reagieren konnte, war das andere Auto ebenso schnell verschwunden, wie es aufgetaucht war. Aber ihr Gebet war erhört worden. »Zwischen den beiden Autos war nur noch eine winzige Lücke«, sagt sie mit einem Lächeln, »etwa so breit, daß ein Engel hineinpaßte.«

Und schließlich Andrew (der Name wurde geändert): Während der Stoßzeit fuhr er einmal auf einer Schnellstraße bei St. Louis nach Hause. Er schaute in den Rückspiegel und wollte gerade auf die äußerste rechte Spur hinüberwechseln. Aber sein Lenkrad ließ sich nicht bewegen. Was war los? Andrew versuchte noch einmal abzubiegen, aber das Lenkrad schien sich verklemmt zu haben.

Er würde es mit Gewalt drehen müssen, um von der Schnellstraße kommen und zu einer Reparaturwerkstatt gelangen zu können. Er versuchte, nicht in Panik zu geraten, und schaute rückwärts, um zu sehen, was hinter ihm fuhr.

Rechts hinter sich, im toten Winkel, sah er ein Kompaktauto. »Es war zu weit hinten, um im Seitenspiegel sichtbar zu sein, und zu weit vorn, als daß ich es im Rückspiegel hätte sehen können. Hätte das Lenkrad nicht blockiert, wäre ich mit fast 90 Stundenkilometer direkt in das andere Fahrzeug hineingefahren.«

Andrew bremste ein wenig ab und ließ das andere Auto vorbei, um dann mit Gewalt das Lenkrad nach rechts zu drehen. Aber nachdem ihn der Wagen passiert hatte, reagierte sein Lenkrad wieder normal, und es gab keinen Grund mehr, eine Werkstatt aufzusuchen.

Er fuhr sein Auto noch weitere achtzehn Monate, und heute fahren sein Sohn und seine Schwiegertochter damit. Niemand hat jemals wieder Schwierigkeiten mit der Lenkung oder einem anderen Teil des Wagens gehabt.

Ein Schulterklopfen Gottes

Die Schutzengel des Lebens fliegen manchmal so hoch,
daß sie außerhalb unserer Sichtweite sind,
aber immer schauen sie auf uns herab.

JEAN PAUL

Und noch eine Geschichte vom Autofahren . . . Es war im Januar 1948, als der junge katholische Geistliche Anthony Zimmermann im Hafen von Yokohama, Japan, als frischgebackener Missionar ankam. Er war der erste seines Ordens, der Gesellschaft des Göttlichen Wortes, der nach dem Zweiten Weltkrieg Amerika verließ, aber bald sollten ihm noch viele weitere folgen – zusammen mit Priestern, die China verlassen wollten, bevor die Kommunisten sie einholen konnten.

Pater Anthony erinnert sich noch daran, wie er sich fühlte, als seine Füße nach zwölf Tagen auf hoher See wieder festen Boden berührten. »Ich merkte, wie ich schwankte«, sagt er, »während ich zusah, wie meine 117 Gepäckstücke zur Inspektion in einer Reihe aufgestellt wurden.« In seinen Koffern waren viele Gegenstände für die Missionare, die im Krieg fast alles verloren hatten: Schuhe aus Armeebeständen, warme Unterwäsche, Jacken, Konserven und sogar ein Fahrrad sowie ein winziges Motorrad. General Douglas MacArthur hatte verkündet, Missionare seien in Japan willkommen, und offensichtlich hatte sein Befehl den Papierkrieg deutlich reduziert, denn nach einer flüchtigen Inspektion seines Gepäcks wurde Pater Anthony von den japanischen Beamten durch den Zoll gewunken, und er konnte sein neues Leben in Japan beginnen.

»Die Missionare in unserem Haus in Tokio hießen mich an jenem Abend herzlich willkommen«, erinnert sich Pater Anthony. »Wir gingen sofort in die Kapelle, um Gott für die gelungene Reise zu danken. Ich weiß nicht mehr, ob ich auch meinem Schutzengel besonders dankte, aber normalerweise nahm ich morgens und abends in meinen Gebeten Verbindung mit ihm auf, also nickte ich ihm damals wahrscheinlich ebenfalls zu und bat ihn, mich während meiner Zeit in Japan zu begleiten.«

Zunächst begab er sich zu einer Missionsstation in Tajimi, wo er Japanisch studieren und Englisch unterrichten würde. In jenen Tagen waren Lebensmittel und Brennstoff rationiert, und japanische Familien verkauften kostbare Erbstücke zu Niedrigstpreisen, wenn sie solche lebensnotwendigen Dinge brauchten. Als sie die Erfahrung machten, daß Amerikaner ihnen halfen, ihnen Lebensmittel und Brennmaterial gaben und sie freundlich behandelten, veränderte sich ihre Haltung allmählich, und eine Atmosphäre gegenseitiger Toleranz stellte sich ein. Aber die Lebensumstände waren nicht sehr angenehm.

»Reisen war zeitaufwendig, es gab keine richtigen Toiletten, und das Essen schmeckte uns oft nicht. Als ich einmal meinen Vater Superior fragte, was denn dieser schreckliche Geruch zu bedeuten habe, sagte er, ›entweder ist es das Abendessen oder das Klo‹«, erzählt Pater Anthony; und er schildert auch, wie er auf einem kleinen Motorrad über die holprigen und verlassenen Straßen fuhr. »Wenn ich zurückblicke, denke ich, daß mein Schutzengel nicht mit allen Risiken einverstanden war, die ich auf mich nahm; aber ich betete täglich zu ihm und versuchte, ihn gnädig zu stimmen für den Fall, daß ich ihn einmal brauchen sollte.«

1950 kam Pater Anthony zur Ehocho-Pfarrei in Nagoya, aber er reiste immer noch in der Gegend umher, um Englischunterricht zu geben, Kranke zu besuchen und, wenn die Japaner dazu bereit waren, ihnen die christliche Botschaft des

Heilens und der Vergebung zu erläutern. Gelegentlich machte er seine Runde im Umemori-Sanatorium für unheilbar an Tuberkulose erkrankte Patienten. Im Frühjahr 1950, nach einem solchen Besuch im Sanatorium, geschah etwas Außergewöhnliches.

»Nach meinem Besuch bei den Patienten in Umemori packte ich alles in den Jeep und machte mich auf die Rückfahrt zur Ehocho-Pfarrei«, erinnert er sich. »Mein Ortssinn war noch niemals gut gewesen, aber ich fuhr trotzdem und hoffte, irgendwie sicher zurückzufinden. Ich war nicht sonderlich aufmerksam, sondern tief in Gedanken an die Menschen, die ich gerade zurückgelassen hatte.«

Er dachte daran, wie verlassen sie waren. Im vom Krieg gezeichneten Japan gab es nur wenig Geld für die Versorgung unheilbar Kranker. Das Warten auf den Tod war bedrückend und bar jeder Freude oder Hoffnung. Aber einige wenige waren dankbar, wenn er ihnen von Gottes Liebe erzählte. Ihnen, dachte Pater Anthony, dessen Herz schwer war vom Anblick all dieses Leidens, ihnen wollte er helfen, die Türen des Himmels zu öffnen.

Er näherte sich jetzt einer Kreuzung, war sich dessen aber nicht bewußt. Er befand sich in einem Waldgebiet, Bäume und Büsche säumten den Straßenrand, und er sah nur das Stück Weg direkt vor sich. Es gab kein Stoppschild, und er fuhr so schnell wie möglich, um bald nach Hause zu kommen.

Immer noch tief in Gedanken, fühlte er plötzlich einen heftigen Schlag. *O nein!* dachte er. *Ich bin gegen etwas Riesengroßes gefahren!* Der Jeep, immer noch in schneller Fahrt, begann gefährlich auf und ab und hin und her zu springen. Es war, als bewege er sich auf einem Erdbeben. *War* es ein Erdbeben? Was war los?

Pater Anthony bremste sehr vorsichtig, um nicht umzukippen, und kam langsam zum Stehen – gerade rechtzeitig. Etwa zwölf Meter von ihm entfernt donnerte ein riesiger Lastwagen aus einer Seitenstraße heran, die hinter den Blättern verborgen lag, und brauste über die Stelle, an der er jetzt gewesen wäre.

»Wenn wir zusammengestoßen wären, hätte der Laster mich und den Jeep zermalmt«, sagt er. »Spontan blickte ich zum Himmel, um Gott zu danken. Ich denke immer noch gern an diesen Augenblick zurück.«

Was aber war mit seinem Jeep passiert? Während sein Herzklopfen allmählich nachließ, wurde ihm klar, daß er gegen einen großen Gegenstand gefahren sein oder ihm zumindest ein Reifen geplatzt sein mußte, was auf diesen Straßen sehr oft passierte. Zitternd stieg er aus, um nachzusehen. Aber es gab nichts zu entdecken. Der Jeep schien völlig in Ordnung zu sein, die Reifen waren heil, und er sah weder Beulen noch Kratzer. Und die Straße war ganz eben, nirgendwo ein Stein oder ein anderes Hindernis zu sehen.

Stirnrunzelnd stieg Pater Anthony wieder ein und ließ den Motor an. Störungsfrei. Langsam fuhr er an, und der Jeep lief ganz rund, ohne das geringste Anzeichen des Rüttelns und Schüttelns, das er soeben erlebt hatte.

Dem Jeep fehlte nichts, absolut nichts. Aber irgendeine gewaltige Kraft hatte ihn gelenkt und Pater Anthonys Richtung geändert. Jetzt erst erkannte er, was geschehen war, und er sprach zu seinem Schutzengel. »Tut mir leid«, sagte er. »Und ich danke dir sehr!«

Später erfuhr Pater Anthony, daß er nicht der einzige Priester war, dem solcher Segen zuteil wurde. Zur gleichen Zeit besuchte ein Klassenkamerad, Pater John, regelmäßig ein Kloster in der Nähe von Peking, um dort die Messe für die Nonnen zu lesen. Er kannte die Strecke sehr gut – es war ein einfacher, gerader Weg. Eines Morgens rief er einen chinesischen Rikschafahrer herbei, der ihn auf diesem direkten Weg zum Kloster bringen sollte.

Peking war bereits von den Kommunisten eingeschlossen,

und das ferne Donnern der Artillerie war zu hören. »Geradeaus«, sagte Pater John zu dem Rikschamann.

»Nein, Sir!« antwortete der Mann.

Pater John war an Feilschen gewöhnt, aber dieses Verhalten war sehr ungewöhnlich. Der Mann hatte bereits einen Weg eingeschlagen, der fünfzehn Minuten länger dauern und mehr kosten würde. »Geradeaus!« wiederholte Pater John.

»Nein!«

»Dann eben nicht.« Pater John gab sich geschlagen und lehnte sich zurück, während die Rikscha ihren umständlichen und scheinbar endlosen Weg zurückzulegen begann.

Aber der Umweg war nicht sinnlos. Denn während sie noch unterwegs waren, zerriß eine gewaltige Explosion die Luft, und eine Bombe schlug genau dort in die Straße ein, wo Pater John gewesen wäre. Wer will sagen, ob der Rikschamann ein Engel war – oder nur von einem Engel inspiriert wurde? Aber beide Priester wissen, daß Engel Missionare besonders gut beschützen.

»Wie fühlt man sich in solch einem Augenblick?« fragt Pater Anthony. »Man fühlt sich, als ob Gott einem auf die Schulter klopft und sagt: ›Ich weiß, daß du hier bist, und mir gefällt, was du tust. Außerdem habe ich noch mehr Arbeit für dich. Bleib also dran – aber paß besser auf!‹ Ein solches Erlebnis vergißt man nicht.«

Pater Anthony erwarb später den Doktortitel und lehrte in Japan. Nach seiner Pensionierung begann er Bücher über Theologie zu schreiben. »Ich vermute, im Himmel wird mir mein Schutzengel sagen, daß er all dies bereits kommen sah und daß er es war, der den Jeep durchschüttelte, damit ich nicht überfahren wurde«, sagt er. »Dieses Erlebnis ist tief in mein Gedächtnis eingegraben. Es ist ein Geschenk, das ich niemals vergessen werde.«

Engel auf Wacht

Und Elisa betete und sprach: »Herr, öffne ihm die Augen, daß er sehe!« Da öffnete der Herr dem Diener die Augen, daß er sah; und siehe, da war der Berg voll feuriger Rosse und Wagen um Elisa her.

2. Könige, 6,17

Die faszinierendste Intervention durch Engel ist vielleicht diejenige, bei der *andere* eine Gestalt sehen, während die beschützte Person überhaupt nichts wahrnimmt. Die Bibel erwähnt mehrere solcher Ereignisse. Das in obigem Zitat angeführte Beispiel erzählt von Elisa (Elisäus), Gottes Propheten, der deutlich die Engel sieht, während der Diener nur das feindliche Heer erkennt – bis sein geistiges Auge geöffnet wird.

Sie werden in diesem Buch ähnliche Geschichten lesen. Die Autorin Betty Malz gab mir das Beispiel ihres Freundes Bill (der wollte, daß wir seinen richtigen Namen ändern). Bill, seine Frau und ihre beiden Kinder machten Ferien am Big Bear Lake in Kalifornien, in der Nähe des Apple Valley. Bills Frau kochte über dem offenen Feuer, und Bill photographierte mehrmals die um das Feuer versammelte Familie. Dann las er aus der Bibel und bat Gott, sie während ihrer Ferien zu beschützen.

Von einem Augenblick zum anderen wurde ihr Frieden jedoch von sechs Männern auf Motorrädern, die aus dem Nichts herbeizudonnern schienen, gewaltsam gestört. Einer zog eine Pistole und befahl ihnen, ihre Brieftaschen und Portemonnaies auf den Boden zu legen. Völlig verängstigt folgten sie dem Befehl, und in seiner Hast ließ Bill auch seine Kamera fallen.

Plötzlich aber schienen die Männer völlig verängstigt zu sein. So schnell, wie sie gekommen waren, rannten sie zu ihren Motorrädern und rasten davon, wobei sie die Besitztümer der Familie auf dem Boden liegenließen. Warum waren sie so plötzlich verschwunden, das, was sie doch hatten stehlen wollen, zurücklassend?

Verwirrt, aber erleichtert dankte Bills Familie Gott, der sie vor einem bösen Schicksal bewahrt hatte, und genoß danach den Rest Ferien. Erst als sie wieder zu Hause war und ihre Photos entwickeln ließ, sah sie, was die Rocker in jener Nacht anscheinend erblickt hatten.

Eines der Photos zeigt deutlich die Gestalt eines weißgekleideten Engels, der geduldig Wache bei der Familie hält, während sie um das Feuer sitzt.

Louis Torres, ein Jugendpfarrer, der heute in Mexiko arbeitet, war Leiter eines Jugendzentrums in Philadelphia. Eines Morgens sprach er zu Bettys Kirchengemeinde und bestätigte die biblische Vorstellung von Engeln als starken Soldaten, die manchmal unsichtbar bleiben – außer für jene, die sie sehen müssen, um überzeugt zu werden. In dem Buch *Engel wachen über mich* berichtet Betty die folgende Geschichte von einer jungen Frau namens Myra, die Torres ihrer Gemeinde erzählte:

Myra arbeitete in dem Jugendzentrum zur selben Zeit wie Torres. Da dieses Zentrum in einer üblen Gegend der Stadt lag, machte sie sich Sorgen wegen der Jugendlichen, die Interesse an christlichen Unterweisungen gezeigt hatten. Es war für sie nicht leicht zu kommen, denn auf der Straße vor dem Zentrum wurden sie immer wieder von einer der Jugendbanden des Viertels schikaniert. Eine Zeitlang war Myra allein im Zentrum, und die Bande belästigte auch sie, indem sie an die Tür schlug und Obszönitäten grölte.

Eines Nachts, als die Bande auftauchte, fühlte Myra plötzlich den Drang, ihr von Jesus zu erzählen. Da ihr die Gefahr bewußt war, betete sie erst um Rat. Ja, sie hatte das Gefühl, den Herrn richtig verstanden zu haben. Sie öffnete die Tür und ging hinaus.

Die Bande scharte sich um sie, und mit ruhiger Stimme erzählte sie den Jugendlichen von Jesus.

Statt ihr zuzuhören, schrien diese jedoch, sie würden sie in den nahe gelegenen Fluß werfen. Mit gespielter Gelassenheit ging Myra ins Zentrum zurück und schloß die Tür. Die Bande folgte ihr nicht.

Am nächsten Abend waren die Schläger jedoch wieder da und drohten ihr. Da sie immer noch glaubte, daß sie versuchen sollte, zu ihnen durchzudringen, flüsterte Myra ein Gebet zu Jesus: »Herr, laß Deine Engel mit mir kommen und mich beschützen«, murmelte sie.

Dann öffnete sie die Tür und wollte zu den Jugendlichen sprechen, als diese plötzlich zu grölen aufhörten, einander ansahen und schnell und leise verschwanden. Myra war sehr verwundert. Warum waren sie gegangen?

Mehrere Tage lang ließ die Bande sich nicht sehen. Dann, eines Nachmittags und zu jedermanns Überraschung, kamen die Jugendlichen ins Zentrum und verhielten sich ordentlich. Viel später, nachdem er eine vertrauensvolle Beziehung zu ihnen aufgebaut hatte, fragte Louis Torres sie, was sie veranlaßt hatte, Myra in jener Nacht nicht länger zu bedrohen und statt dessen ruhig fortzugehen. Ein junger Mann sagte: »Wir hätten uns nicht getraut, sie anzurühren, nachdem ihr Freund aufkreuzte. Der Kerl war bestimmt über zwei Meter groß.«

»Ich wußte gar nicht, daß Myra einen Freund hat«, antwortete Louis nachdenklich. »Aber wie auch immer, in *der* Nacht war sie allein.«

»Nein, wir haben ihn gesehen«, bekräftigte ein anderes Mitglied der Gruppe. »Er stand genau hinter ihr. Er war riesengroß in seinem schicken weißen Anzug.«

Lieferung frei Haus

». . . Denn Gott geruht
Oft zu besuchen die Häuser gerechter Menschen voller
Freude, und schickt mit zahlreichen Nachrichten
Dorthin seine geflügelten Kuriere
Mit Botschaften himmlischer Gnade.«

MILTON, »DAS VERLORENE PARADIES«

Ich hörte zum ersten Mal von Kenneth Ware durch Betty Malz, die ihn in *Engel wachen über mich* porträtierte. Die Zentrale der Versammlungen Gottes in Springfield, Missouri, gab mir zusätzliche Informationen:

Kenneth Ware wurde in Tennessee geboren. Bald darauf fiel sein Vater im Ersten Weltkrieg, und seine Mutter ging mit Kenneth in die Schweiz, wo sie aufgewachsen war.

Im Alter von siebzehn Jahren wurde Kenneth Geistlicher der Versammlungen Gottes; er ging zunächst nach Jerusalem, dann nach Südfrankreich, wo er die sechzehnjährige Tochter von Max Vinitzki, eines orthodoxen Juden, der zum Christentum konvertiert war und dessen Bilder im Louvre hingen, kennenlernte und heiratete. Kenneth wurde in Paris als großer Evangelist bekannt, und als der Zweite Weltkrieg ausbrach, verhalfen er und Vinitzki vielen Juden zur Flucht nach Spanien oder in die Schweiz.

Als Sohn eines amerikanischen Soldaten, Ehemann einer Jüdin und Sympathisant der französischen Widerstandsbewegung war Kenneth ständig in Gefahr, eingesperrt zu werden. Schließlich versuchten er und seine Frau Suzie mit ihrem kleinen Sohn aus Frankreich zu fliehen. Er wurde jedoch verhaftet, verhört und gefoltert; aber als eine der deutschen Wachen entdeckte, daß er Geistlicher war, ließ man ihn heimlich frei.

Schließlich fand Kenneth seine Frau und seinen Sohn in Lausanne in der Schweiz, wo er versuchte, sich und seine Familie durchzubringen. Eines Samstagmorgens im September 1944 stand er jedoch ohne einen Pfennig da. Da beschloß Suzie zu beten – ganz gezielt. »Gott, ich brauche fünf Pfund Kartoffeln, zwei Pfund Weizenmehl, Äpfel, Birnen, einen Blumenkohl, Karotten, Kalbskoteletts für Samstag und Rindfleisch für Sonntag«, sagte sie.

Einige Stunden später klopfte jemand an der Tür. Suzie öffnete, und vor ihr stand ein Mann mit einem Korb voller Lebensmittel. Er war zwischen dreißig und vierzig Jahren alt, über einen Meter achtzig groß und sah sehr stark aus; er hatte blaue Augen, weißblondes Haar und eine lange, blaue Schürze über seiner Arbeitskleidung. Er schien zu strahlen und zu leuchten und sagte, »Frau Ware, ich bringen Ihnen, worum Sie gebeten haben.« Er sprach perfektes Französisch ohne den üblichen Schweizer Akzent.

»Da muß ein Mißverständnis sein«, protestierte Suzie verwirrt. »Ich habe nichts bestellt.« Sie rief Kenneth.

Kenneth fand, der Mann sähe nicht aus wie ein gewöhnlicher Verkaufsfahrer. Vielleicht war er der Besitzer eines Ladens und hatte die Wohnungsnummer verwechselt. »Es gibt hier fünfundzwanzig Wohnungen – vielleicht haben Sie bei der verkehrten geklingelt?« fragte er.

Der Mann überging die Frage. »Frau Ware«, wiederholte er, »ich bringe, worum Sie gebeten haben.« Dann ging er in die Küche und leerte den Korb. Auf dem Tisch standen nun genau die Dinge, die Suzie an diesem Morgen von Gott erbeten hatte – sogar die zwei Pfund Mehl waren von der richtigen Sorte. Die Wares waren schockiert. »Ich wollte mich entschuldigen und ihm erklären, daß ich nicht einen Pfennig besaß, um ihn zu bezahlen, aber sein vorwurfsvoller Blick verschloß mir den Mund«, berichtete Kenneth.

Suzie begleitete den Mann an die Tür und dankte ihm. Danach standen sie und ihr Mann am Fenster, um ihm beim Verlassen des Gebäudes hinterherzuschauen – es gab nur einen Ausgang. Doch obwohl Kenneth aus dem Fenster sah und Suzie die Tür öffnete und das Treppenhaus hinunterblickte, wurde der Mann nicht mehr gesehen.

Nach dem Krieg kehrten die Wares in das von Flüchtlingen überfüllte Paris zurück. Sie gründeten Missionen und Schulen und halfen den Mittellosen mit Essen, Kleidung, Trost und Ausbildung. Schließlich zogen sie sich nach Südfrankreich zurück.

Kenneth Ware behauptete immer wieder, er würde den Verkaufsfahrer jederzeit wiedererkennen, wo immer er ihm auch begegnen würde – was allerdings nicht geschah. Aber Kenneth und Suzie waren voller Dankbarkeit gegenüber dem Gott, der ihnen einen Boten schickte, als sie bedürftig waren.

Botschaft vom Jenseits

Aber alle Engel Gottes kommen verkleidet zu uns ...

JAMES RUSSELL LOWELL, »ZUM TODE DES KINDES EINES FREUNDES«

Schwester Mary Dolores Kazmierczak plante die Reise ihres Lebens – nach Rom und anschließend nach Polen. Ihr Vater hätte sie gern begleitet, aber Schwester Mary Dolores zögerte, ihn einzuladen. »Erstens wollte meine Mutter nicht fliegen, und da keiner von beiden ohne den anderen irgendwohin ging, dachte ich, mein Vater würde auf einer Reise ohne sie nicht sehr glücklich sein«, erklärt sie.

Der zweite Grund war etwas unangenehmer: Herr Kazmierczak litt an einer Störung seines Gleichgewichtssinns; die entsprechenden Anfälle kamen ohne jede Vorwarnung, und Schwester Mary Dolores fragte sich, wie sie sich auf einer langen Reise immer um ihn kümmern sollte. Was, wenn er stürzte und sich verletzte? Ihre Entscheidung war logisch, und trotzdem fühlte sie sich schuldig.

Zwei Monate vor Beginn der Reise, im Mai 1979, starb ihre Mutter. Nun war ihr Vater sehr allein, und ihre Schuldgefühle ihm gegenüber wuchsen noch. Diese Reise würde ihm so guttun, aber nach wie vor war ihre Entscheidung ein – widerstrebendes – Nein. Ihn irgendwohin mitzunehmen war zu gefährlich.

Einige Tage, bevor sie nach Europa abreisen sollte, besuchten Schwester Mary Dolores und ihr Vater Frau Kazmierczaks Grab auf dem Heilig-Kreuz-Friedhof in Calumet City, Illinois. Auf dem Heimweg kamen sie an einem kleinen Obst- und Gemüsestand an der Straße vorbei. Er sah verlassen aus, aber

Herr Kazmierczak wollte etwas Obst essen, also hielten sie an, um zu sehen, ob jemand da sei.

Zwei Männer arbeiteten an dem Stand. Der eine trug ein blaues Hemd und stand hinter dem Tresen; der andere, in einer braunen Hose und mit einem Hut, ordnete die Auslagen. Schwester Mary Dolores und ihr Vater waren die einzigen Kunden, und keine der vier Personen tauschte irgendwelche Grüße oder Bemerkungen aus.

Herr Kazmierczak ging umher und schaute sich die Auslagen an, während Schwester Mary Dolores etwas Obst aussuchte, wobei sie ihn – wie immer – im Auge behielt für den Fall, daß er sein Gleichgewicht verlieren sollte. Sie gab dem Mann im blauen Hemd an der Kasse ihr Geld und ging auf ihren Vater zu, der nur einige Meter entfernt stand. In diesem Augenblick kam der Mann mit dem Hut zu ihr herüber. »Es ist völlig in Ordnung, wenn Sie Ihren Vater mit auf die Reise nehmen«, sagte er ihr ohne jede Vorrede.

»Welche Reise?« Wovon sprach der Mann?

»Die Reise, die Sie vorhaben«, sagte er. »Ich habe soeben mit Ihrer Mutter gesprochen, und sie sagte, es sei in Ordnung, ihn mitzunehmen. Es wird ihm nichts geschehen.«

»Wie können Sie mit meiner Mutter gesprochen haben?« fragte Schwester Mary Dolores. »Sie ist letzten Mai gestorben.«

»Ja, ich weiß«, sagte der Mann.

Schwester Mary Dolores sah sich verwundert um. Sie und ihr Vater waren immer noch weit und breit die einzigen Kunden. Hatte ihr Vater sich bei dem Mann darüber beklagt, daß sie ihn zurücklassen wollte? Aber der Stand war so klein – eine solche Unterhaltung hätte sie gesehen oder gehört. Sie hätte ihren Vater gleich vor dem Fremden befragen können, aber es wäre vielleicht peinlich gewesen oder hätte ihn verärgert. Sie wollte lieber warten, bis sie wieder allein waren.

»Nun . . . ich danke Ihnen«, sagte sie zu dem Mann, der immer noch ruhig vor ihr stand; dann ging sie eilig mit ihrem Vater zum Auto.

Sobald sie auf dem Highway waren, sprach sie das Thema an. »Vater, was hast du zu dem Mann am Obststand gesagt?«

»Ich habe gar nicht mit ihm gesprochen«, sagte Herr Kazmierczak. »*Du* hast doch bezahlt.«

»Ich meine nicht den Mann an der Kasse, Vater. Ich spreche von dem anderen, dem mit dem Hut.«

»Aber . . .« Ihr Vater schaute verwirrt drein. »Ich habe keinen zweiten Mann gesehen. Da war nur der eine Mann mit einem blauen Hemd, der hinter dem Tresen.«

»Du hast mich doch mit dem zweiten Mann sprechen gesehen. Du mußt es gesehen haben – du warst doch die ganze Zeit da, nur ein paar Meter entfernt.«

»Aber ich habe nichts gesehen; da war sonst niemand.«

Schwester Mary Dolores schwieg. Sie wollte ihren Vater nicht durcheinanderbringen. Und langsam dämmerte es ihr, daß soeben etwas Übernatürliches stattgefunden hatte.

Während der folgenden Sommer nahm Schwester Mary Dolores ihren Vater mit auf Reisen im Flugzeug oder im Auto, nach Arizona und überallhin im Staat Michigan. Er verlor niemals das Gleichgewicht, die Abwechslung tat ihm gut, und er starb im Alter von zweiundneunzig Jahren als ein zufriedener Mann.

»Nach der Episode bei dem Obststand habe ich mir nie wieder Sorgen um ihn gemacht«, sagt Schwester Mary Dolores. Sie wußte, daß ihre Mutter auf sie beide aufpaßte und ihnen einen Engel geschickt hatte, um ihnen dies auszurichten.

Der Mann in Weiß

Wie gelangte er dorthin? Engel.
Niemals hätte er gehen können in diesem Sturm.
Sie fuhren herab und trugen ihn
Dorthin, wo es sicher war und warm . . .

John Hay, »Little Breeches«

Vor drei Jahren zog die Familie Durrance, die aus Südflorida stammt, in ein Haus auf einer zum Teil erschlossenen Parzelle, ehemals Farmland. Das Haus der Durrances war das einzige in ihrer Straße und durch Nebenstraßen von den übrigen Häusern getrennt. Ihr Grundstück war umgeben von bewaldetem Grasland, Palmengruppen und Entwässerungsgräben.

Trotz fehlenden Telephonanschlusses fühlte sich Debbie Durrance in der abgelegenen Gegend sicher. Ihre Kinder ließ sie jedoch nur ungern nach Belieben herumstromern; alles mögliche konnte geschehen – es konnte ihnen an einem Ort etwas zustoßen, wo niemand sie hören würde. Und es hatte in der Gegend mehrere Hinweise auf Klapperschlangen gegeben; sogar Haustiere waren gebissen worden. »Lärm und Autoverkehr verjagen Klapperschlangen«, erläutert Debbie; »aber in ruhigen Gebieten wie dem unseren fühlen sie sich sehr heimisch.«

Doch an einem sonnigen Sonntagnachmittag kurz vor Ostern, als der zwölfjährige Mark beschloß, mit seinem Luftgewehr und dem Hund in der Gegend umherzustreunen, war Debbie einverstanden. Sie begann, das Mittagsgeschirr abzuwaschen und erfreute sich an der Ruhe des warmen Tages.

Auch Mark genoß die Sonne. Er entdeckte einen Vogel in einer Palmengruppe und sprang über einen Entwässerungsgraben, um ihn genauer sehen zu können. Er landete auf etwas Beweglichem – und fühlte einen stechenden Schmerz, als ob sein Fuß explodiert sei. Voller Entsetzen wurde ihm klar, daß eine riesige Klapperschlange an seinem Fuß hing und seinen rechten Schuh kurz unterhalb des Knöchels durchgebissen hatte. Mark hatte noch niemals einen solch durchdringenden Schmerz gefühlt – und die Fangzähne der Schlange schienen in seinem Fuß festzustecken. Gleichsam durch einen Nebel sah er, wie sein Hund die Schlange anknurrte und nach ihr schnappte, bis diese schließlich losließ und davonglitt.

Aber ihr tödliches Gift war über die Hauptader in sein Bein eingedrungen, die gefährlichste Stelle bei einem Schlangenbiß. Inzwischen hatte sich das Gift im ganzen Körper verbreitet und jedes Organ angegriffen. Entsetzt bemerkte Mark, daß seine Kräfte schnell nachließen und er kaum noch gehen konnte. Die 140 Meter zum Haus hätten genausogut 150 Kilometer sein können. Er würde hier draußen sterben – und seine Familie würde nicht einmal mitbekommen, daß er verletzt war.

Debbie räumte gerade das Geschirr fort, als sie hörte, wie die Tür geöffnet wurde und ihr älterer Sohn rief: »Mark, was ist los?«

Entsetzt hörte sie Mark antworten: »Ich bin von einer Klapperschlange gebissen worden.« Sie rannte ins Wohnzimmer und sah Mark zu Boden fallen. Während sie seinen Schuh auszog, lief Buddy zu seinem Vater. Debbie sah, daß der Fuß bereits geschwollen war, und sie bemerkte den gleichen Geruch nach Moschus wie damals, als ihre Haustiere gebissen worden waren. Es stimmte – eine Schlange *hatte* ihn gebissen. Und es war nicht einfach eine Fleischwunde. Debbie begann zu zittern. Da sie kein Telephon hatten, mußten sie Mark mehr als 27 Kilometer zum nächsten Unfallkrankenhaus fahren. Würde die Zeit reichen? *Nicht mein Kind, Gott,* betete sie. *Bitte, nicht Mark!*

Bobby, ihr Mann, stürmte herein und nahm seinen Sohn hoch. Die Familie rannte zum Auto und raste über den Highway. Mark zuckte bereits, und sein Atem ging schwach. Das einzige, was Debbie im Auto tun konnte, war beten.

Während sie sich jedoch dem Unfallkrankenhaus näherten, sahen sie Dampf aus der Kühlerhaube des Autos strömen. Der Motor war überhitzt! »Bobby, was sollen wir tun, wenn es stehenbleibt?« fragte Debbie in Panik, aber es war bereits zu spät. Bobby mußte wegen eines anderen Autos bremsen, und der Motor erstarb. Die Durrances standen mitten im Verkehr; und obwohl Bobby aus dem Wagen sprang und jemanden anzuhalten versuchte, brausten die anderen Autos an ihnen vorbei.

Schließlich hielt ein altes Kompaktauto. Der Fahrer war ein haitianischer Farmarbeiter, der kein Englisch sprach, aber das verzweifelte Verhalten der Familie sagte ihm genug. Debbie und Buddy trugen Mark in sein Auto. »Meinen wilden Gesten folgend, raste der Fahrer los, und wir kamen kurze Zeit darauf in dem Unfallkrankenhaus an«, erzählt Debbie.

Dort versuchte ein Rettungsteam, Marks Zustand zu stabilisieren. »Normalerweise konnte ein Schlangebiß dort behandelt werden«, erläutert Debbie. »Aber weil das Gift durch Marks Hauptader eingedrungen war, wirkte es schneller, und er brauchte eine spezielle Versorgung.« Bis ein Krankenwagen herbeigeholt worden war und ihn zum nächstgelegenen Krankenhaus in Naples gebracht hatte, lag Mark bereits im Koma.

Während der nächsten zwölf Stunden kämpfte das Team in Naples um Mark. Debbie und Bobby fühlten, daß niemand an das Überleben ihres Sohnes glaubte. Debbie hörte nicht auf zu beten.

Im Verlauf der nächsten Tage stellte jeder Teil von Marks Körper seine Funktion ein – außer dem Herzen. Das Gift ließ seinen Körper anschwellen, seine Augen waren so geschwollen, daß seine Lider kaum zu sehen waren. Seine Nieren versagten, ein Atemgerät bewegte seine Lungen auf und ab. Innere Blutungen ließen Blut nicht nur aus den Ohren, Augen und dem Mund, sondern auch aus den Poren treten; bevor dieser Alptraum zu Ende war, hatte er über achteinhalb Liter Blut übertragen bekommen. Es gab kaum noch eine Chance, sein rechtes Bein zu retten, und es schwoll so stark an, daß die Ärzte es schließlich von oben bis unten aufschneiden mußten, um den Druck abzumildern. Jedes neue Symptom war schlimmer als das vorherige.

Stundenlang saß Debbie an seinem Bett, betete laut und sprach mit ihrem Sohn. »Ich hoffte, Mark würde meine Worte an ihn und an Gott hören«, berichtet sie. »Ich wollte ihm sagen, daß ich an sein Überleben glaubte.«

Wunderbarerweise begann es Mark besserzugehen. Allmählich erwachte er aus seinem Koma und begann, Mitteilungen an seine Eltern auf einer Tafel zu schreiben. Dann befreiten ihn die Ärzte eines Tages von dem Atemgerät. Mit noch kratziger Stimme begann er von seiner schrecklichen Tortur zu erzählen.

»Es war eine Klapperschlange. Sie hatte durch meinen Schuh gebissen und ließ nicht los . . .«

»Aber, wo warst du?« wollte Marks Vater wissen.

»Draußen in den Feldern, in der Nähe vom Graben.«

»Aber das ist mindestens 140 Meter vom Haus entfernt!«

»Er muß viel dichter beim Haus gewesen sein«, sagte einer der Ärzte kopfschüttelnd. »Er kann niemals so weit gegangen sein. Es war zu viel Gift in seinem Körper – er wäre sofort bewußtlos geworden.«

Außerdem waren da noch die dreizehn Stufen vor dem Haus bis zum Wohnzimmer hinauf. Wie war dieser tödlich verletzte Junge die Stufen hochgestiegen?

»Der weiße Mann hat mir geholfen«, beantwortete Mark ihre Fragen.

»Mann? Welcher Mann?« fragte Debbie.

»Der Mann. Er war . . . einfach da. Als ich sah, daß ich es nicht bis zum Haus schaffen würde, nahm er mich hoch und trug mich.«

»Wie sah er aus?« Debbie fühlte ein Kribbeln im Nacken.

»Ich hab' sein Gesicht nicht gesehen, ich sah ihn nur von den Schultern abwärts. Doch er hatte ein weißes Gewand an, und seine Arme waren sehr stark. Er bückte sich und nahm mich hoch, und es tat so weh, daß ich mich einfach nur an ihn lehnte. Ich war ganz ruhig.«

»Sagte er irgend etwas, Mark?«

»Er sprach mit einer tiefen Stimme«, antwortete Mark. »Er sagte, ich würde jetzt sehr krank sein, sollte mir aber keine Sorgen machen. Dann trug er mich die Stufen hoch, und ich habe ihn nicht wieder gesehen.«

Ein Mann in Weiß . . . Debbie wußte nicht, was sie sagen sollte. Hatte ihr Sohn dies alles geträumt? Aber wie war er nach Hause gekommen?

Neun Wochen mußte Mark im Krankenhaus bleiben. Später erhielt er zahlreiche Gewebetransplantationen, um das Gewebe und die Muskeln an seinem Bein zu erneuern. Aber die Ärzte gehen davon aus, daß kein dauerhafter Schaden zurückbleiben wird.

»Während Mark genas, erzählte er mir, er sei sicher, daß sein Großvater Durrance bei ihm auf der Intensivstation im Krankenhaus gewesen war«, sagt Debbie. »Es gibt in Georgia eine alte Sitte: Wenn man ein neugeborenes Kind dreimal ums Haus trägt, wird es wie man selbst. Großvater Durrance hatte dies mit Mark getan, und die beiden hatten einander immer sehr nahegestanden.«

Doch Marks Großvater war einige Zeit vor dem Unfall gestorben, und Debbie machte Mark darauf aufmerksam. »Aber er war doch bei mir, Mutter«, beharrte Mark. »Ich weiß doch, daß er da war.«

Natürlich! Großvater Durrance mußte der Mann in Weiß gewesen sein, von dem Mark geträumt hatte.

Aber Mark widersprach. »Nein, Mutter, das war nicht Großvater. Und ich habe auch nicht von dem Mann in Weiß *geträumt*, er war wirklich da.«

Marks Erlebnis hat viele Menschen berührt. Die Durrances ließen eine Anzeige mit einem Dankeschön für den haitianischen Farmarbeiter in einer Zeitung veröffentlichen. Er meldete sich nicht, aber ihre Anzeige veranlaßte viele Menschen, über ihr eigenes Verhalten angesichts der Schwierigkeiten anderer nachzudenken. Debbie ist Friseuse, und weil die Familie damals so bekannt wurde, erkennen manche Kunden sie wieder; dann erzählt sie ihnen von ihrem Glauben, daß Gott in der Tat auf Gebete antwortet. Außerdem besucht sie Opfer von Schlangenbissen und tröstet und ermutigt sie.

Heute führt ihr Sohn wieder das Leben eines ganz normalen Jugendlichen – mit einer Ausnahme: dem Bewußtsein, daß ihm dort draußen im Waldland von Florida etwas ganz Besonderes widerfahren ist. Mark Durrance ging durch das Tal des Todes, wie dies nur wenige Menschen jemals tun – und erlebte eine unvergeßliche österliche Wiederauferstehung.

Der Fremde auf der Straße

... Und ich glaube, daß ein Kind zu retten
Und es heimzubringen zu den Seinen,
Eine sehr viel bessere Beschäftigung ist,
Als um den Thron herumzulungern.

JOHN HAY, »LITTLE BREECHES«

Edward Strnad hat eine lange und liebevolle Beziehung zu Engeln. Als jüngstes und einziges von elf Kindern hatte er Grübchen, und einmal fragte er seine Mutter, woher er sie habe.

»Da haben die Engel dich geküßt«, lachte seine Mutter.

Aber die Familie seiner Eltern erlebte auch die große Wirtschaftskrise und wußte so aus erster Hand, was es bedeutete, hungrig zu sein. Als Edward später seine eigene Familie gründete, arbeitete er oft freiwillig für wohltätige Einrichtungen, um alles in seiner Macht Stehende zu tun und weniger Glücklichen zu helfen. So war es denn nur natürlich, daß er jenes Kind bemerkte ... und handelte.

Edward fährt jeden Morgen auf der I-77 nach Cleveland. An der 30. Straße Ost, sagt er, gibt es eine Auffahrt und drei Fahrspuren, die die I-90 bilden. An einem bedeckten und windigen Wintermorgen sah er dort einen kleinen Jungen, der, schräg gegen den Wind gestemmt, an der rechten Seite des gefährlichen Highway entlangging. Obwohl er sauber und ordentlich aussah, war er doch für das rauhe Wetter von Cleveland zu leicht gekleidet: Er trug nur eine kurze Popelinejacke und weder Mütze noch Handschuhe. Unter seinem Arm hatte er einige Bücher.

Edward wunderte sich. »Mein erster Gedanke war, daß der Junge dort nichts verloren hatte – es war viel zu gefährlich«, sagt er. »Aber ich war schon an ihm vorbeigefahren.«

Doch er brachte es nicht über sich, das Kind sich selbst zu überlassen. Irgendwie schaffte er es trotz des Berufsverkehrs, vor der Abfahrt drei Spuren zu überkreuzen und am Seitenstreifen zu halten. Er konnte den Jungen hinter sich sehen, und als dieser näher kam, kurbelte er sein Fenster herunter. »Wo willst du hin?« fragte er. »Und was machst du hier am Highway?«

»Der Bus hat vergessen, mich abzuholen«, sagte das Kind. Es war etwa neun oder zehn Jahre alt. »Ich gehe zur Schule.«

»Welche Schule?«

»Tremont, an der Zehnten Straße.«

Edward runzelte die Stirn. Tremont lag im Westen von Cleveland, eine gehörige Strecke entfernt. Warum ging der Junge dort zur Schule?

Dann wurde ihm klar, daß er wahrscheinlich zu Clevelands Programm eines rassenintegrierten Schulbusdienstes gehörte und also eine Schule besuchte, die weit von seinem Zuhause entfernt lag. Um an diesem Morgen nach Tremont zu gelangen, mußte er jedoch noch drei Highway-Spuren mit Schnellverkehr kreuzen, eine windige Brücke und eine weitere verkehrsreiche Straße überqueren – beinahe fünf Kilometer zu Fuß. »Soll ich dich zur Schule fahren?« fragte Edward.

Der Junge schüttelte den Kopf, blieb aber stehen. Das warme Auto war offensichtlich sehr verlockend.

»Du hast recht, dich nicht von einem Fremden mitnehmen zu lassen«, versicherte ihm Edward und holte einige Papiere aus seiner Brieftasche. »Aber, schau mal: Mein Sohn ist Polizist, und ich habe ein Ehrenabzeichen von ihm, wo ›Vater‹ draufsteht. Und hier ist mein Führerschein . . .« Der Junge betrachtete alles sorgfältig, offensichtlich zwischen dem Wunsch mitzufahren und der Sorge um seine Sicherheit hin und her gerissen. »Ich konnte seine Angst verstehen«, berichtet Edward, »ich hatte meinen eigenen Kindern gesagt, sie sollten niemals mit einem Fremden mitfahren.« Aber er mußte warten, bis das Kind sich entschlossen hatte. Schließlich siegte der eisige Wind, und zögernd stieg der Junge ein.

Edward verhielt sich möglichst ruhig und unaufdringlich und schaute nur auf die Straße. »Wir haben während des Weges nicht mehr als zehn Worte über die Fahrt selbst gesprochen«, sagt er. Der kleine Junge sollte sich sicher fühlen; sein Schulweg war schon schwierig genug gewesen.

Schließlich kamen sie bei der Tremont-Schule, einem alten Backsteingebäude in einer von Clevelands ärmsten Gegenden, an. Ein etwa sechzig Zentimeter hoher Eisenzaun umsäumte den Rasen vor der Schule, doch niemand war zu sehen – kein Verkehr, kein Lärm, nicht einmal ein Schülerlotse ging über den Spielplatz. »Es sah fast so aus, als sei die Schule geschlossen«, erinnert sich Edward. »Aber das Wetter war eklig, und der Unterricht hatte sicher schon begonnen.«

Edward hielt an, und ohne zurückzuschauen rannte das Kind zur Eingangstür. Bevor es hineinging, war Edward schon weitergefahren.

Während des ganzen Morgens kehrten seine Gedanken jedoch zu dem kleinen Jungen zurück. Seltsam, daß er zufälligerweise auf dem Highway war; noch seltsamer, daß Edward über drei Fahrspuren hatte kreuzen können, ohne daß ihm etwas geschehen war; und es beunruhigte ihn, daß er sich nicht vergewissert hatte, daß das Kind sicher ins Schulgebäude gelangt war . . . Schließlich rief er in der Schule an, um sicherzugehen, daß sein kleiner Fahrgast zwar zu spät, doch heil in seine Klasse gekommen war.

Aber Eward erlebte eine Überraschung. Die Schule war tatsächlich nicht in den Ferien, doch die Frau am Telephon versicherte ihm, daß an diesem Morgen kein Kind zu spät gekommen war.

»Aber ich habe ihn direkt vor dem Gebäude abgesetzt, nach Schulbeginn«, wandte Edward ein.

»Nachdem die Glocke geläutet hat, kommt niemand mehr in das Gebäude hinein«, erklärte die Frau. »Sobald alle Kinder sich gemeldet haben, wird abgeschlossen. Er hätte sich von einem Erwachsenen hereinlassen müssen. Und heute ist kein Kind zu spät gekommen.«

Edward seufzte. »Dann muß er geschwänzt haben. Oder . . . wenn ihm nun etwas passiert ist?«

»Ich frag' mal nach«, sagte sie. »Können Sie ihn beschreiben?«

Das tat Edward; und dann wartete er, bis die Frau sich wieder meldete. »Kein Kind paßt zu Ihrer Beschreibung«, sagte sie. »Und aus den Klassenbüchern geht hervor, daß heute *kein* Kind gefehlt hat. Und die Anwesenheit aller Kinder wird genau kontrolliert.«

Bis heute, sieben Jahre später, ist ihm diese Episode immer noch gegenwärtig, sagt Edward. Aber es fällt ihm schwer, den *Grund* für all das zu begreifen. Vielleicht wurde er – ohne es recht zu verstehen – auf die eine oder andere Weise benutzt oder »geprüft«. Vielleicht werden andere von der Erzählung dieses Vorfalls beeinflußt.

Was auch immer der Grund sein mag, Edward ist sicher, daß er das Kind eines Tages wiedersehen wird. »Es war braun«, sagte er zu mir. »Ich bin weiß: Welche Hautfarbe haben Engel?«

Der Aufstieg in die Höhe

Aber wenn diese Wesen dich beschützen, dann tun sie dies, weil sie von deinen Gebeten dazu aufgefordert wurden.

St. Ambros

Können Engel uns selbst dann retten, wenn wir sie nicht sehen? Sogar vor etwas so Alltäglichem wie schlechtem Wetter?

An einem sehr stürmischen Morgen mühte sich die neunundsiebzigjährige Anna May Arthur die steile Treppe einer Kirche in ihrem heimatlichen Irland hinauf. Sie wußte, sie hätte die vordere Treppe benützen sollen, die ein Geländer hat und mehr Schutz bietet; aber sie hatte eine Abkürzung über den Kirchenfriedhof genommen, und die rückwärtige Treppe lag näher.

Während sie mühevoll hochstieg, wurde sie vom Wind durchgeschüttelt, und sie fühlte sich unsicher und in Gefahr. Da die meisten Kirchgänger den Vordereingang benutzen, war niemand da, der ihr hätte helfen und auf den sie sich hätte stützen können. »Ich stellte mir vor, wie ich mein Gleichgewicht verlieren, rückwärts die Treppe herunterfallen und meinen armen Kopf aufschlagen würde«, erzählt Anna May. »Ich fragte mich sogar, ob irgend jemand mich dann finden würde.«

Die vierzig Stufen erschienen ihr bald wie hundert. Als die zerbrechliche Frau beinahe oben angekommen war, wurden ihre Ängste wahr: Eine besonders starke Windbö erfaßte sie, und sie begann, rückwärts zu taumeln.

Instinktiv rief sie den Himmel um Hilfe an: »Oh, Schutzengel, rette mich!« Sofort fühlte sie zwei starke Hände, die sie im Rücken stützten und wieder nach vorn drückten und aufrecht stellten.

»Ich war nicht wirklich überrascht«, sagt Anna May. »Ich dachte sogar, daß ich tatsächlich ein himmlisches Wesen in Weiß sehen würde, wenn ich mich umdrehte! Ich fragte mich, was man mit seinem Engel sprechen soll.«

Aber als Anna May sich umwandte, sah sie einen Nachbarn, der sie stützte. Sie kannte Thomas Hillen seit Jahren und wußte, daß er schwer herzleidend war. Wegen dieser ihn stark behindernden Krankheit ging er immer nur im Schneckentempo. Hatte er seine eigene Gesundheit aufs Spiel gesetzt, um sie zu retten?

»Als ich in den Kirchhof kam, sah ich dich schwanken und die Stufen rückwärts fallen«, sagte Thomas zu Anna May.

»Aber, Thomas, wie bist du so schnell hier hochgekommen?«

»Das ist es ja gerade! Ich weiß es nicht!« Sein Gesicht war verwirrt. Er hatte am Tor gestanden, mindestens vierzig Schritte von der untersten Stufe entfernt, als er Anna auf der obersten Stufe ihr Gleichgewicht verlieren sah.

Und plötzlich war *er* auch dort oben, durch den Kirchhof und die Stufen hinauf und direkt hinter ihr. »Ich kann mich nicht erinnern, daß ich hierher gelaufen bin. Ich – ich scheine getragen worden zu sein«, sagte Thomas. »Aber das ist doch gar nicht möglich!«

Schockiert schaute Anna May ihn genauer an. Er war nicht einmal außer Atem. Wie konnte ein Herzkranker – oder selbst ein Langstreckenläufer – diesen Abstand in der kurzen Zeit, als sie zu fallen begann und ihren Engel anrief, überwinden?

Sie sah sich um, aber es war niemand anders zu sehen, niemand, der sonstwie hätte helfen können. Sie und Thomas waren die einzigen im Kirchhof gewesen. Verwirrt sprachen die beiden noch eine Weile über den Zwischenfall und suchten nach einer logischen Erklärung. Dann gingen sie in die Kirche, um Dank zu sagen. »Auf eine undeutliche, vage Art und Weise war ich mir immer meines Schutzengels bewußt gewesen«, sagt Anna May. »Aber weder vorher noch seitdem ist mir jemals etwas so Positives und Dramatisches passiert. Andererseits gibt es immer diese kleinen ›Unfälle‹, bei denen man sich glücklich schätzt, wenn man ohne Verletzungen davonkommt. Ist so etwas immer Zufall?«

Anna May überläßt die Antwort anderen.

Diane Barnard (der Name wurde geändert) glaubt auch nicht an Zufälle. Sie erinnert sich an einen ganz besonderen Heiligabend, als sie um Hilfe bat – und erhielt.

Den ganzen Tag hatte es in Rittman, Ohio, geschneit. Die weiße Decke war fast dreißig Zentimeter hoch, und obwohl sie sehr schön aussah, war Autofahren praktisch unmöglich. Die dreiundzwanzigjährige Diane ging jedoch ebensogern zu Fuß. Obwohl sie fast zwei Kilometer von der Kirche entfernt wohnte, freute sie sich so sehr auf die Mitternachtsmesse, daß ihr der bevorstehende Fußmarsch nichts ausmachte – oder die Tatsache, daß sie allein gehen mußte, weil ihr Mann zu Hause bleiben und auf ihr kleines Kind aufpassen würde. Weihnachten war einfach die schönste Zeit im Jahr!

Um etwa elf Uhr abends verabschiedete sich Diane von ihrem Mann und ging los. Zwar waren die Schneeverwehungen teilweise sehr hoch, aber der Weg führte bergab, und sie kam deutlich vor der Zeit in der Kirche an.

Die festliche und schöne Zeremonie war kurz vor Mitternacht zu Ende. Diane hatte weder Nachbarn noch Freunde gesehen, mit denen sie auf dem Rückweg hätte mitfahren können; also ging sie wieder zu Fuß. Aber jetzt *bergauf* zu gehen, war etwas völlig anderes als der Hinweg. Jetzt schien jeder Schritt tiefer und schwieriger zu sein als der vorhergehende, und ihr Weg war dunkel und verlassen, und weit und breit stand kein Haus. Dianes Atem ging stoßweise, während sie sich vorankämpfte. Wie müde sie war! Und während sie an einem Waldstück vorbeikam, wuchs ihre Angst noch mehr.

»Meine Füße wurden mit jedem Schritt schwerer, und mir wurde klar, daß ich in Schwierigkeiten war«, sagt sie. »Es war durchaus möglich, daß ich es nicht bis nach Hause schaffen würde – ich war einfach zu durchgefroren und erschöpft. Würde mein Mann aufwachen und bemerken, daß ich noch nicht da war? Würde mich jemand hier finden, oder würde ich hinfallen und erfrieren?« Ihr fröhlicher Ausflug verwandelte sich schnell in einen Alptraum.

Diane schaute auf ihre Uhr: Viertel nach eins. Es war immer noch ein weiter Weg, bis sie im Warmen und sicher war, und sie war mit ihren Kräften praktisch am Ende. Sie starrte in den sternenbesäten weihnachtlichen Himmel. »Oh, Gott, ich fürchte mich so«, rief sie aus. »Hilf mir, nach Hause zu kommen!«

Plötzlich hörte sie wunderschöne Musik – und fühlte, wie sie über den Schnee hinwegglitt, als wäre sie in einem Traum. Was geschah mit ihr? War sie dabei zu erfrieren? Fühlte man sich so, wenn man starb?

Nein. Sie stand – wundersamerweise – vor ihrem Haus. Aber wie konnte das sein? Diane blinzelte, sah den vertrauten Ort und schaute auf ihre Uhr: Es war ein Uhr zwanzig. Aber sie erinnerte sich nicht, daß sie sich seit ihrem Gebet bewegt hätte. Und es konnten auch noch keine fünf Minuten vergangen sein. Außerdem hätte sie in ihrem erschöpften Zustand den steilen Hügel niemals bewältigen können, der vor ihr aufgeragt hatte. Sie war bereit gewesen, sich hinzulegen und die Bemühungen aufzugeben.

Und nun war sie sicher zu Hause und war . . . voller Jubel.

Die junge Mutter betrat ihr stilles Heim, setzte sich, immer noch in Mantel und Stiefeln, in einen Sessel und schaute in die Weihnachtslichter. »Ich weiß nicht mehr, wie lange ich so gesessen habe«, sagt sie heute; »doch ich wußte, daß mir etwas Seltsames widerfahren war, und ich traute mich nicht, es auch nur mir selbst einzugestehen.

Ich habe in all den Jahren danach keine andere Erklärung

gefunden als die, daß es ein Engel war, von Gott herbeibefohlen, der mich sicher zu meiner Haustür getragen hat.« Vielleicht ein Mitglied der himmlischen Schar, das seinen Platz auf den Hügeln von Bethlehem verließ, um eine junge Frau in Ohio zu berühren.

Diese Frauen *baten* beide um Hilfe in einer gefährlichen Situation und traten so in Verbindung mit einer unsichtbaren Quelle der Kraft und der Gnade. »Vielleicht greifen Engel erst dann ein, wenn wir sie darum bitten«, faßte einer meiner Briefschreiber zusammen. »Wir sollten es tun – die meisten von uns brauchen jede Hilfe, die wir nur bekommen können!«

Der Flügelschlag

Geschrieben in der Atmosphäre des Himmels,
in der Sprache, die von Engeln gesprochen wird.

LONGFELLOW, »DIE KINDER DES HEILIGEN ABENDMAHLS«

Anfang der sechziger Jahre wurde Lee Ballard, ein Missionar und Sprachforscher, vom Summer Institute of Linguistics in ein entlegenes Dorf auf den Philippinen geschickt. Dort sollte er die Grundlagen für die Übertragung des Ibaoli, einer nur mündlich überlieferten Sprache, in eine schriftliche Form erarbeiten.

Es ist schwierig, sich Gesellschaften vorzustellen, die ihre Sprache nicht aufschreiben können. Wir betrachten unsere geschriebenen Sprachen als etwas Selbstverständliches und vergessen dabei, daß für einige Kulturen der Klang von Worten immer noch das einzige Mittel der Kommunikation ist.

Und das ist die Kunst der Linguisten: diese Klänge in etwas Lesbares zu übertragen. Sie tun dies, indem sie zunächst voll und ganz in die Sprache eintauchen. Allmählich beschreiben sie ein System von Klängen, analysieren dessen Grammatik, legen ein Wörterbuch an, sammeln Folklore, nehmen Gespräche auf Band auf – um letztendlich die Sprache aufschreiben zu können. Lee Ballards Gruppe hatte noch einen zweiten Auftrag: Nach der Aufzeichnung des Ibaoli wollten sie eine Bibel in dieser Sprache verfassen.

Das Institut hatte gerade dieses Dorf ausgesucht, weil niemand dort englisch sprach und Ballard sich ganz auf die Sprache der Einheimischen konzentrieren konnte.

In der Nacht des hier beschriebenen Vorfalls war er bereits

fünf Monate in dem Dorf. Ballard erzählte seine Geschichte ursprünglich in der Mai-Ausgabe 1986 der Zeitschrift *Dallas*:

Er sagte mir, sein Name sei Pag-Pag. Und natürlich glaubte ich ihm. Es sollte noch ein Jahr dauern, bevor ich lernte, daß »Pag-Pag« in seiner Sprache »amputiert« bedeutet. Vielleicht nannte er mir diesen Namen, weil er wußte, daß ich ihn leicht behalten konnte. Er wollte, daß ich meinen Nachbarn seinen Namen nannte, daß diese darüber lachen und mir sagen würden, niemand werde »Amputiert« genannt, und daß sie es schließlich als einen Witz abtun würden. Er wußte, daß es mich nachdenklich machen würde.

Sehen Sie, wenn ich an den Vorfall zurückdenke und alle Möglichkeiten in Betracht ziehe, glaube ich, daß Pag-Pag ein Engel war.

Er besuchte mich in einer kühlen, strahlenden Nacht. Von meiner Bank auf der Vorderveranda konnte ich weit ins Tal hinuntersehen, vorbei an den großen Bananenbäumen und den Strohdächern des Dorfes, bis hin zum Berg, der mit seinen im weißen Mondlicht glänzenden nackten Felsen auf der anderen Seite des Flusses aufstieg. Nur das gelegentliche Weinen eines Babys oder das Bellen eines Hundes unterbrachen die mitternächtliche Stille.

Aber ich saß nicht da und genoß die Aussicht. Meine Gedanken kehrten immer wieder zu dem entmutigenden Besuch meines Vorgesetzten zurück. Er war auf die Philippinen gekommen, um sich von meinen Fortschritten beim Erlernen der einheimischen Sprache zu überzeugen – und ich hatte nicht einmal den Dorfbewohner verstanden, der sagte, mein Vorgesetzter brauche einen Haarschnitt! Ich kannte Hunderte, Tausende von Wörtern und war dennoch nicht in der Lage, eine Unterhaltung zu führen. Ich war zutiefst entmutigt.

In diesem Augenblick tauchte Pag-Pag auf. Seine Stiefel klapperten auf der hölzernen Leiter, die zu meiner Veranda führte, und ich hörte ihn mit tiefer, rauher Stimme sagen:

»*Iyayak ali*« (ich bin hier), der einheimischen Entsprechung von »Hallo«.

Wenn ich zurückdenke, dann waren mehrere Dinge ungewöhnlich an seinem Besuch. Erstens gehen die Einheimischen selten des Nachts und niemals ohne eine Fackel aus Pechkiefer aus dem Haus. Und selbst die Aufgeklärtesten fürchten die *Ampasit*-Geister, die angeblich in Felsen und Bäumen wohnen. Seltsamer noch war die Tatsache, daß die Hunde bei seinem Kommen nicht angeschlagen hatten.

In meiner Überraschung bemerkte ich nur, daß sein Verhalten und seine Erscheinung auffällig waren. In einer Umgebung, in der Zurückhaltung ein wichtiger kultureller Wert ist, trat er offen und selbstbewußt auf. Und er trug Stiefel und einen wollenen Mantel in einer barfüßigen Gesellschaft, in der die Menschen sich in Decken hüllen.

Ich befolgte die einheimische Etikette, indem ich eine unverbindliche Unterhaltung begann: »Wo kommst du her?« fragte ich.

Im Gegenzug sprach er sehr direkt. Er nannte mir sofort seinen Namen, sagte, er sei aus Baguio gekommen, wo er für die Benguet Consolidated Mining Company als *Osokiro* (»Tunnelbauer«) arbeite. Er sei auf der Suche nach Schätzen, nach den Millionen in Gold, die die fliehenden Japaner 1945 angeblich aus dem philippinischen Staatsschatz mitgenommen hatten. Er glaubte, sie könnten in einer Höhle zwischen unserem Dorf und der Stadt auf der anderen Bergseite verborgen sein. Wir unterhielten uns mehr als eine Stunden lang. Ich hatte Berichte vom Krieg in diesem Gebiet gelesen, aber er erzählte mir sehr viel mehr, als ich bereits wußte. Und ... die gesamte Unterhaltung fand in der einheimischen Sprache statt – und ich verstand alles!

Während wir miteinander sprachen, wartete ich darauf, daß dieser Fremde mir erzählen würde, weshalb er zu meinem Haus gekommen war. Aber statt dessen stand er irgendwann mitten im Gespräch auf und sagte: »*Ondawakda*« (ich gehe jetzt). Schnell stieg er die Leiter hinab, ging unter der erhöhten Veranda hindurch und verschwand zwischen den Kaffeebäumen.

Am nächsten Morgen gesellte ich mich zu vier oder fünf Männern, die auf einer Mauer saßen und sich in der frühen Morgensonne wärmten. Ich erzählte ihnen von meinem nächtlichen Besucher. Als ich seinen Namen nannte, lächelten sie zunächst, und schließlich verzog sich ein Gesicht nach dem anderen zu einem brüllenden Gelächter.

»Wie sah er aus?« fragte einer von ihnen und wischte sich eine Träne aus dem Auge. Er wollte wissen, wer mir einen so wunderbaren Streich gespielt hatte.

»Er war groß«, sagte ich, »und trug einen langen, dicken Mantel und Stiefel. Er sagte, er sei Alotos Bruder. Er sagte, er arbeite in den Minen.«

»Hat Aloto einen Bruder in den Minen?« fragte einer der Männer die anderen. »Oder auch nur einen Vetter zweiten oder dritten Grades?«

»*Aychi met*« (ganz bestimmt nicht), sagten alle. Ich hörte einen der Männer zu einem anderen flüstern: »Wer war das nur?«

Ja: Wer hatte mich da besucht? Ich weiß es nicht. Aber ich glaube nicht, daß er in unser Tal gekommen war, um Schätze zu suchen. Ich glaube, er kam, weil ich mutlos war. Und wenn ich damit recht habe, dann hatte seine Mission Erfolg. Denn sein Besuch in jener Nacht war der Wendepunkt in meinen Bemühungen. Die erfolgreiche nächtliche Unterhaltung gab mir das Selbstvertrauen, das ich brauchte, um meine Arbeit fortzuführen. Meine Mutlosigkeit verschwand zusammen mit Pag-Pag in der Nacht.

Hat Pag-Pag Sie jemals in einer seiner vielen Verkleidungen besucht? Vielleicht nicht.

Andererseits ... wie wollen Sie das wissen.

»Wäre ich nur aus geschäftlichen Gründen dort gewesen – ich

glaube, Pag-Pag wäre nicht gekommen, um mich zu trösten«, sagt Ballard, der heute in der Gegend von Dallas lebt und arbeitet. »Aber unsere Organisation hatte ein spezielles Ziel vor Augen, und vielleicht war das der Grund, weshalb meine Arbeit auf solch einzigartige Weise gesegnet wurde.« Bis Mitte der siebziger Jahre waren sowohl das Neue Testament als auch mehrere Hymnen in Ibaoli verfaßt worden. Und als Ballard später als Tourist in die Gegend zurückkehrte, wurde er von einem der Dorfbewohner als »der Mann, der uns Bücher gab« bezeichnet.

Pag-Pag brachte den Bewohnern des Dorfes – und einem sehr tüchtigen Sprachwissenschaftler – etwas weit Wichtigeres als Gold.

Brians Engel

Engel Gottes, mein lieber Beschützer,
Dem Gottes Liebe mich hier anvertraut;
Sei diesen ganzen Tag bei mir, mich zu
Erleuchten, zu schützen und anzuleiten.

TRADITIONELLES KATHOLISCHES GEBET

Zena Marie Anagnostou ist die Jüngste von sieben Geschwistern und lebt in Antioch, Kalifornien. Als sie noch zur High-School ging, bekam ihre verheiratete Schwester Rene ihr erstes Baby, Brian. »Meine Mutter und ich kümmerten uns um ihn, als Rene wieder arbeiten ging«, erzählt Zena. »Sein Bett stand in meinem Zimmer, und manchmal blieb er über Nacht. Wir entwickelten ein sehr enges Verhältnis zueinander.«

Jeder, der ihn kannte, sagt, daß Brian der typische amerikanische Junge war. Er war voller Lebenslust und schien jeden zu mögen. Als er älter war, wurde er Klassensprecher und war ein ausgezeichneter Schüler.

Obwohl die gesamte Familie sehr eng zusammenhält und Vettern, Tanten und Onkel ständig über einander auf dem laufenden sind, war die Beziehung zwischen Zena und Brian doch etwas Besonderes. »Ich nahm ihn und seinen jüngeren Bruder Sean überallhin mit – zur Kirche, ins Kino, auf Spaziergänge um den See«, erinnert sich Zena. »Die Jungs besuchten mich im College. Wir sammelten leere Getränkedosen, und sie bekamen das Pfandgeld für ihr Sparbuch. Wir sprachen über alles, all unsere Träume und Gedanken.«

Eines Tages, als Brian elf Jahre alt war, hatte Zena Spätschicht im Büro des Roseville-Krankenhauses. Ihre Schwester

Theresa kam und überbrachte ihr die Nachricht: »Zena, es hat einen Unfall gegeben. Brian ist . . .«

»Brian! Was ist passiert?«

»Er wurde von einem Bus überfahren, auf dem Weg von der Schule.« Theresa begann zu weinen.

Zena stand unter Schock. Das durfte nicht wahr sein. War er Patient in diesem Krankenhaus? Sie mußte sofort in sein Zimmer gehen.

»Theresa, wo ist er? Ist er hier auf der Unfallstation? Wie schlimm steht es mit ihm?«

»Er hat es nicht überlebt, Zena. Er ist tot.«

Zena weigerte sich, es zu glauben. Selbst als sie zum Leichenschauhaus unterwegs waren, konnte sie diesen Verlust nicht begreifen. Langsam jedoch mußte sie das Undenkbare akzeptieren. Brian war aus dem Schulbus ausgestiegen, hatte den Stadtbus von hinten herankommen gehört und am Straßenrand darauf gewartet, daß er vorbeifahren würde. Der Stadtbus hatte vor dem stehenden Schulbus die Geschwindigkeit verringert, Brian erfaßt und ihn zu Tode geschleift.

Brians Tod erschütterte die ganze Familie. Zena schien wie in einem Nebel umherzugehen. Gott würde sie allmählich darüber hinwegtrösten, das wußte sie; aber vorläufig schien der Schmerz unerträglich zu sein.

Weil Zena Spätschicht im Krankenhaus hatte, kam sie oft erst morgens um zwei oder drei Uhr nach Hause. Obwohl sie normalerweise mit ihrer Familie zur Achtuhrmesse ging, hinterließ sie an einem Sonntag, kurz nach Brians Tod, die Nachricht, sie würde ausschlafen und allein zur Mittagsmesse gehen.

In der Kirche waren nur sehr wenige Menschen, als Zena ankam, und es war sehr heiß. Üblicherweise saß sie vorn, also ging sie zur zweiten Bankreihe, in der nur eine Person saß, ein Junge von etwa zwölf Jahren. Noch bevor Zena die Bank erreicht hatte, war der Junge schon aufgestanden und in den Gang herausgetreten, um sie hineinzulassen. Niedergeschlagen ließ sie sich auf die Bank fallen; direkt hinter ihr saßen einige ältere Frauen.

Im Verlauf der Messe bemerkte Zena, daß der Junge die Gebete perfekt beherrschte. Er sprach nicht nur die Antworten der Gemeinde, sondern murmelte auch die Worte des Priesters, die nicht im Gebetbuch stehen.

»Er leuchtete einfach vor innerem Frieden, und es war ein Vergnügen, ihn anzusehen. Er sang alle Lieder mit einer wunderschönen Stimme, ohne in das Gesangbuch sehen zu müssen«, erzählt Zena. Ihr sorgenvolles Gemüt begann sich zu erheben. »Ich wollte ihm sagen, wie sehr ich mich freute, einen Jungen zu sehen, der so sehr in der Messe aufging.« Sie beschloß, ihn nach der Messe anzusprechen und zu loben.

In vielen katholischen Kirchen halten die Menschen einander an der Hand, während sie das Vaterunser sprechen. Als der Augenblick für das Gebet gekommen war, wandte sich der Junge lächelnd Zena zu und nahm ihre Hand. Seine Hand lag warm und tröstend in der ihren. Zena fühlte, wie eine heitere Gelassenheit in sie herüberfloß und wie ein Balsam ihre wunde Seele besänftigte.

Dann kam die heilige Kommunion, und nacheinander standen die Menschen in ihren Sitzbänken auf. Zena trat aus ihrer Bank heraus, und der Junge ließ sie vorbei, so daß sie vor ihm zum Altar gehen konnte. Sie empfing die Kommunion, trat einen Moment beiseite, »und aus dem Augenwinkel sah ich den Jungen als nächsten die Kommunion empfangen«, berichtet sie. Sie begann zu ihrer Bank zurückzugehen und schaute dabei hinter sich, um ihn im Auge zu behalten.

Aber der Junge war nicht mehr da. Und obwohl Zena alle drei Ausgänge in ihrer Nähe überblicken konnte – und er hätte keinen von ihnen in den gerade vergangenen wenigen Sekunden erreichen können –, war er einfach verschwunden. Schnell schaute sie alle Gänge entlang, aber er war nirgendwo zu sehen.

Als die Messe vorbei war, dachte Zena immer noch an ihn.

Seltsam, daß jemand, der offensichtlich so fromm war, die Messe vor dem Ende verlassen hatte. War ihm in der Hitze schlecht geworden? Sie folgte den älteren Frauen den Gang hinunter und in den Sonnenschein hinaus. »Sie haben nicht zufälligerweise gesehen, wohin Junge gegangen ist«, fragte sie, »der während der Messe vor Ihnen saß?«

Die Frauen schauten erst einander, dann Zena verwundert an. »Vor uns hat kein Junge gesessen, meine Liebe«, sagte eine von ihnen sanft. »Sie waren allein in Ihrer Bank.«

Brians Familie fühlt sich seitdem getröstet. Ganz gewiß war es sein Schutzengel, der Zena die Nachricht überbrachte, daß alles in Ordnung ist.

Unsichtbare Beschützer

Ein Kribbeln läuft dein Rückgrat entlang, wenn du begreifst, daß es keine Einbildung ist. Dort draußen ist jemand und beobachtet uns.

Sophie Burnham, »Ein Buch von Engeln«

Wie oft werden wir von einem unsichtbaren Beschützer vor Gefahren bewahrt? Manche Menschen haben das Glück, es zu wissen. 1960 hielt der bekannte Autor Dr. Norman Vincent Peale eine Predigt, in der er von einem Geistlichen der Episkopal-Kirche in einer Stadt in den Südstaaten berichtete, der öffentlich gegen einen Lokalpolitiker namens Sam auftrat und einen seiner Pläne vereiteln konnte. »Ich bring' diesen Geistlichen um«, sagte Sam daraufhin zu mehreren seiner Freunde nach jener Versammlung.

Freunde warnten den Geistlichen und boten an, ihn auf seinem Weg nach Hause (und durch einen dunklen Wald) zu begleiten. Aber der Geistliche wischte ihre Befürchtungen beiseite. »Der Herr wird bei mir sein«, sagte er zu ihnen und ging allein und ungefährdet nach Hause.

Jahre vergingen, und auf seinem Sterbebett schickte Sam nach diesem Geistlichen. »Herr Pastor, in jener Nacht hatte ich vor, Sie zu töten«, sagte er. »Ich war in dem Wald.«

»Und warum taten Sie es dann nicht?« fragte der Geistliche.

»Was soll das heißen – warum tat ich es nicht?« fragte Sam. »Wer waren diese beiden großen Männer bei Ihnen?«

»Aber da waren keine großen Männer bei mir«, widersprach der Geistliche.

»O doch«, sagte Sam. »Ich habe sie gesehen.«

Mehrere Briefschreiber erzählten von ähnlichen Ereignissen. Suzanne Vecciarelli aus New City, New York, besuchte eine Freundin im Krankenhaus und brachte ihr ein Buch über Engel mit. Als die Zimmergenossin der Freundin das Buch sah, wurde sie sehr aufgeregt und erzählte eine Geschichte von ihrer Kusine Stacey.

Stacey, damals Mitte Zwanzig, wohnte in einem der ärmeren Teile von Brooklyn, New York, einer Gegend mit vielen Mietwohnungen. Eines Nachts, als sie von der Arbeit nach Hause ging, sah sie vor sich einen Mann, der an einer Mauer lehnte. Sofort kam Angst in Stacey hoch, denn in dieser Gegend hatte es kürzlich einige Raubüberfälle gegeben, und sie hatte das Gefühl, daß der Mann nichts Gutes im Schilde führte. Aber ihr blieb keine Wahl: der einzige Weg zu ihrer Wohnung führte an dem Mann vorbei.

»Schutzengel, hilf mir«, murmelte Stacey. »Bleib ganz dicht bei mir und bewahre mich vor Schaden.«

Äußerlich selbstbewußt, sah sie geradeaus vor sich hin und ging an dem Mann vorbei. Sie fühlte, wie er sie ansah, aber er tat nichts. Mit Mühe konnte sie sich davor bewahren davonzulaufen; mit klopfendem Herzen gelang es ihr, ruhig weiterzugehen, bis sie die Straßenecke erreicht hatte. Dann rannte sie den Rest der Strecke zu ihrem Wohnhaus, die Treppe hinauf und schloß, völlig außer Atem, die Tür hinter sich. Es dauerte eine Weile, bis sie sich wieder beruhigt hatte. Irgendwie hatte sie das Gefühl, einer großen Gefahr entronnen zu sein.

Kurz danach hörte Stacey Polizeisirenen und sah unten auf der Straße rotes Licht flackern; ganz in der Nähe war etwas passiert, ein Unfall vielleicht oder ein Raubüberfall.

Am nächsten Tag, auf ihrem Weg zur Arbeit, traf sie eine Nachbarin. »Was war gestern abend los?« fragte sie.

»Eine Vergewaltigung«, sagte die Frau grimmig. »Kurz nach sechs Uhr.«

Stacey war schockiert. Die Vergewaltigung war genau an der Stelle passiert, wo sie an dem herumlungernden Mann vorbeigegangen war, kurz *vor* sechs Uhr. Wenn er nun der Vergewaltiger gewesen war? Sie hatte ihn genau gesehen. Vielleicht konnte sie der Polizei mit einer Beschreibung helfen.

Als sie jedoch anrief, erfuhr sie, daß die Polizei einen Verdächtigen in Gewahrsam hatte. »Könnten Sie ihn möglicherweise bei einer Gegenüberstellung identifizieren?« fragte ein Polizist. »Ihre Aussage könnte beweisen, daß er an dem Ort war.«

Stacey stimmte zu. An diesem Abend identifizierte sie ihn als den Mann, an dem sie auf dem Heimweg vorbeigekommen war. »Warum hat er nicht *mich* angegriffen?« fragte sie den Polizisten. »Schließlich war ich genauso wehrlos wie die nächste Frau, die dort vorbeikam.«

Der Polizist war ebenfalls neugierig, und er war einverstanden, daß man Stacey den Mann beschrieb und ihn fragte, ob er sich an sie erinnern könne. Stacey hat seine Antwort nie vergessen.

»Ich erinnere mich an sie. Aber warum sollte ich sie belästigen?« sagte der Vergewaltiger. »Sie ging die Straße mit zwei großen Männern entlang, einer an jeder Seite.«

Sanfte Berührungen

»... Die Sterne verschoben sich, blaues Licht schimmerte, und er fühlte sich umgeben von lauter Blau und schwebend. Im nächsten Augenblick wurde er mit einem sanften Stoß auf dem Felsen abgesetzt ...«

RAY BRADBURY, »DIE FEUER-BALLONS«

Die Berührung der Liebe kann sehr sanft sein, nur ein Hinweis, daß jemand anders da ist, um uns zu helfen, nur ein leises Flüstern oder eine Liebkosung. Oder sie kann etwas Körperliches, aber Unsichtbares sein. In einigen Fällen ist diese Berührung stark, fast wie ein Griff – doch ohne daß etwas gesehen oder »bewiesen« werden kann.

In wenigen Monaten erwartete Jean Biltz ihr fünftes Kind. An einem kalten Frühjahrsmorgen erwachte sie früh in ihrem Haus in Wichita und ging, nachdem sie Kaffee gekocht hatte, nach draußen, um nachzusehen, ob der Milchmann schon dagewesen war.

Während der Nacht war die rückwärtige Veranda völlig vereist, und als Jean hinaustrat, rutschten beide Füße unter ihr weg. Es gab kein Geländer an der Treppe, nichts, woran sie sich hätte festhalten können, um ihren Sturz von den Stufen zu verhindern. Wie in Zeitlupe sah sie sich fallen – und dabei vielleicht ihr ungeborenes Kind verlieren.

Plötzlich fingen zwei starke Arme Jean wieder auf und stellten sie aufrecht gegen die Tür. Gott sei Dank war ihr Mann früh aufgestanden und befand sich am rechten Ort zur rechten Zeit! Mit klopfendem Herzen drehte sie sich voller

Dankbarkeit um ... aber da war gar niemand. Die Tür stand offen, die Küche dahinter war leer, und selbst der schneebedeckte Hof war still – abgesehen von einem leichten Seufzen im Wind.

Jeans Baby kam stark und gesund zur Welt, und heute ist es Vater von acht Kindern.

Eine ähnlich beschützende Hand berührte die kleine Tess aus Tennessee. Sie hatte bei einer Freundin im Hof gespielt, und es war Zeit, nach Hause zu gehen. Sie verabschiedete sich, rannte auf den Graben hinter dem Haus zu und wollte in vollem Lauf hinüberspringen, wie sie dies immer tat, wenn sie nach Hause ging. Doch obwohl ihre Füße eindeutig den Boden verließen, fühlte sie zwei Hände an ihren Armen, die sie fest zurückzogen, und sie landete wieder auf *dieser* Seite des Grabens.

Was war hier los? Verwundert nahm das Kind wieder Anlauf und versuchte ein zweites Mal, über den Graben zu springen. Wieder fingen und hielten sie die Hände und setzten sie sanft zu Boden. Aber ihre Freundin war zum Essen gegangen – und sonst war niemand zu sehen.

Verwundert ging Tess an den Rand des Grabens und sah hinüber. Dort, genau an der Stelle, wo sie gelandet wäre, lag aufgerollt eine Klapperschlange ...

Die »sanfte Berührung« war im Fall von Emily Frank-Pogorzelski noch subtiler. Es war früh am Abend – eine ermüdende und frustrierende Tageszeit für alle Mütter –, und Emily bereitete das Abendessen. Diana, ihre kleine Tochter, ritt auf ihrem Spielzeugpferd durch die Küche. Mehrmals wäre Emily fast über das Kind und deren klapperndes Spielzeug gefallen. Emilys Geduld näherte sich mit jedem Augenblick schneller ihrem Ende. Schließlich bückte sie sich entnervt, um dem Pferd einen Schubs zu geben und so ihre Tochter aus dem Weg zu rollen.

»Plötzlich fühlte ich, wie mein ganzer Arm mitten in der Bewegung angehalten wurde – wie durch ein unsichtbares Hindernis«, erzählt Emily. »Ich fühlte keine andere Hand, sondern eine Art Lähmung, die von meiner Schulter bis in die Fingerspitzen reichte. Ich merkte, daß die Kraft (oder deren Fehlen) von etwas außerhalb von mir selbst kam.« Ihr Arm fühlte sich auch nicht »eingeschlafen« an und prickelte nicht; sie konnte ihn überallhin bewegen – nur nicht in Dianas Richtung.

Verwirrt sah Emily hoch. Und in einem dieser Sekundenbruchteile, die wie Ewigkeiten erscheinen, erkannte sie, daß die Kellertür offenstand. Hätte sie Diana angestoßen, wäre das kleine Mädchen durch die Tür geschossen – die Treppe hinunter und bis auf den Steinfußboden an deren Ende.

Mary Stebbins, eine andere junge Mutter, hatte ebenfalls einen anstrengenden Tag, und ihr Zorn über einen Streit mit einigen lärmenden Nachbarn drohte außer Kontrolle zu geraten. Irritiert und verärgert ging sie aus dem Schlafzimmer und die Treppe hinab zur Küche. Die offenstehende Tür zum Keller war ihr im Weg. »So weit ich mich erinnern kann, war niemand sonst in der Küche. Ich dachte, die Familie sei ganz woanders«, erzählte sie mir.

Um ihren Ärger abzureagieren, griff Mary nach der Tür und wollte sie mit einem lauten Knall schließen. Doch seltsamerweise wurde sie von einem starken Gegendruck daran gehindert. Der »Druck« schien wie eine Masse aus unsichtbarer Materie zu sein, ein weiches »Etwas«, das einige Zentimeter der Kraft ihrer Hand nachgab und dann seinerseits auf ein *zweites* Hindernis traf, das Marys Hand wieder zurückstieß. Sie konnte den Stoß einfach nicht zu Ende führen.

Verwundert schaute Mary hinter die Tür und erschrak. Dort stand ihre zweijährige Tocher oben an der Kellertreppe. Hätte Mary die Tür zugeschlagen, hätte sie das Kind getroffen und es die Treppe hinab auf den Betonboden des Kellers geschleudert.

In jedem einzelnen Fall fühlten sich die Betroffenen sehr zittrig, als sie erkannten, was *hätte* geschehen können – und anschließend waren sie sehr erleichtert darüber, daß alles in Ordnung war. Emily erlebte noch ein weiteres Gefühl: Beruhigung. »Es war, als ob das wunderbare Wesen, das mich davor bewahrte, einen schlimmen Fehler zu machen, sagte: ›Nun gut, du warst ungeduldig – na und? Denk nicht weiter darüber nach, mach von hier aus weiter.‹«

»Ich weiß nicht, ob das Wesen mein Engel, der Engel meines Kindes oder beides gleichzeitig war«, sagt Emily. »Aber es gibt Zeiten, da fühle ich einen liebevollen Geist so dicht an meiner rechten Schulter, daß ich ihn mit meinen Fingern berühren könnte. Wir können uns glücklich preisen, daß wir solche Geister haben, die uns helfen – und uns manchmal vor uns selbst bewahren.«

Ein winziges Stück Himmel

Ich möchte ein Engel sein
Und bei den Engeln stehen,
Eine Krone auf meiner Stirn
Und eine Harfe in meiner Hand.

URANIA BAILEY, »ICH MÖCHTE EIN ENGEL SEIN«

Die meisten Erwachsenen sehen keinen Engel, der der typischen Darstellung in der Kunst ähnelt. Kinder jedoch scheinen in Verbindung mit Wesen zu treten, die Flügel und einen Heiligenschein haben.

Eine Mutter und ihre kleine Tochter gingen eine Straße hinab, als – wenige Schritte von einer Wand entfernt – das Kind stehenblieb. Die Mutter drängte es weiterzugehen, aber das Kind schien an der Stelle festgewachsen zu sein. Plötzlich gab es ein lautes Krachen: die Wand war eingestürzt. Wären sie weitergegangen, sie wären ohne Zweifel erdrückt worden. Blaß vor Schreck, fragte die Frau ihre Tochter, warum sie in genau diesem Augenblick stehengeblieben war.

»Hast du nicht den schönen Mann in dem langen weißen Gewand gesehen, Mutter?« fragte das Kind. »Er stand direkt vor mir, da konnte ich gar nicht weitergehen.«

Jesus sagte über Kinder einige sehr wichtige Dinge. Er wollte, daß sie frei zu ihm kämen, ungehindert durch Erwachsene, denn ihre Unschuld und ihre reinen Herzen meinte er, wenn er vom Königreich des Himmels sprach (Markus, 10,14). Vielleicht ist das der Grund, weshalb die Kleinen anscheinend die Fähigkeit haben, die geistigen Barrieren zu durchbrechen, die wir Erwachsenen so oft errichten, und ein winziges Stück Himmel erblicken. Aber wenn dies geschieht, dann fällt es uns Erwachsenen immer noch schwer, es zu glauben.

Das war auch die Reaktion von Laura Leigh Agnese aus Bethpage, New York. Ihr damals dreijähriger Sohn Danny galt allgemein als besonders nettes Kind, fürsorglich und ehrlich, obwohl er gern Geschichten erzählte oder ausschmückte. Außerdem hatte er öfter einmal einen kleinen Unfall.

Eines Morgens rannte Danny durch das Wohnzimmer und stolperte. Entsetzt sah Laura Leigh – fast wie in Zeitlupe –, wie er mit dem Kopf voran auf die scharfe Ecke eines Tisches zustürzte. Sie lief in seine Richtung, obwohl sie genau wußte, daß sie seinen Sturz nicht mehr würde abfangen können.

Aber Danny berührte den Tisch überhaupt nicht. Statt dessen schien er mitten in der Luft anzuhalten. Innerhalb weniger Sekunden stand er wieder auf seinen Füßen und lief weiter.

Verwundert wiederholte Laura Leigh die Szene im Geiste. Ja, er war ohne Zweifel in Richtung des Tisches gefallen, und ein Dreijähriger, der mit einer solchen Geschwindigkeit fiel, hatte nicht genügend Körperbeherrschung oder Gewandtheit, den Sturz durch eine Drehung abzuwenden. Auch hatte sie nicht bemerkt, daß Danny auch nur versucht hätte, sich zu fangen. Dennoch war sein Sturz irgendwie unterbrochen worden. Der Vorfall spottete den Gesetzen der Schwerkraft!

Bis zum nächsten Tag hatte Laura Leigh das Ereignis vergessen – als Danny, mitten aus dem Spielen heraus, sie ansah.

»Mutter, ich habe eine schöne Dame gesehen. Mit Flügeln.«

»Tatsächlich, Danny?« Laura Leigh lächelte; Dannys Geschichten waren immer sehr phantasievoll. »Wie sah die Dame aus?«

»Sie ist nett«, sagte Danny sachlich. »Sie hat mich gestern aufgefangen, damit ich mich am Tisch nicht anschlage.«

Laura Leigh fühlte einen kalten Hauch. »Sagte die Dame etwas?«

»Ja, sie sagte, sie würde über mich wachen und davor beschützen, daß ich mir weh tue.«

Danny wandte sich wieder seinem Spielzeug zu; aber Laura Leigh war in Gedanken verloren. »Danny war so klein, daß mein Mann und ich ihm noch nicht wirklich von geistigen Dingen erzählt hatten«, berichtet sie. »Wir hatten von Gott gesprochen, aber keine Engel erwähnt – wir wußten selbst nicht viel von ihnen.« Soweit sie wußte, war er auch weder durch die Vorschule, die Kirche oder das Fernsehen mit Engel in Berührung gekommen. »Und nun erzählte mir Danny von einer schönen Dame, und es schien die perfekte Erklärung für das unerklärliche Ereignis zu sein.«

Trotzdem hatte Laura Leigh Schwierigkeiten, ihrem Sohn zu glauben. Schließlich konnten Kinder dieses Alters Wirklichkeit und Phantasie nicht auseinanderhalten, nicht wahr? Andererseits hatte er einen so sicheren Eindruck gemacht . . .

Als ihre Tochter geboren war, hatte Laura Leigh ein Bild mit einem Cherub über ihr Bettchen gehängt. Sie holte es und fragte ihn: »Sah deine schöne Dame so aus, Danny?«

Danny sah das Bild mit dem kindlichen Engel an, dann sie und sagte erstaunt: »Nein, Mutter, das ist keine *Dame*.«

Laura Leigh vermied das Wort *Engel*. »Aber es hat Flügel. Sehen sie sich nicht wenigstens ein bißchen ähnlich?«

Danny schüttelte den Kopf. Auch wenn er sonst gern Geschichten erzählte – diesmal war es etwas anderes. Offensichtlich war die Dame für ihn ganz wirklich gewesen.

Verwirrt rief Laura Leigh ihre Schwägerin Roseann Sciaretta an. Roseann war nicht nur eine sehr fromme Frau, die Laura Leigh davon überzeugen konnte, daß Engel wunderbar sind, sie kannte Danny auch sehr gut. »Danny würde mit so etwas nicht lügen«, tröstete sie Laura Leigh. »Aber laß mich etwas ausprobieren.«

Am nächsten Tag besuchte Roseann Laura Leigh und brachte eine Ansichtskarte von einem Schutzengel mit. Der Engel war weiblich und hatte große Flügel an den Schultern.

»Danny, schau mal her«, sagte Roseann und gab ihrem Neffen das Bild.

Sofort leuchteten Dannys Augen auf. »Die Dame!« sagte er strahlend. »Schau, Mutter, das ist die Dame, die ich gesehen habe! Sie ist die Freundin, die auf mich aufpassen wird! Darf ich das behalten?«

Danny hat die schöne Dame nie wieder erwähnt, und heute, vier Jahre später, hat er den Vorfall anscheinend vergessen. Doch er scheint auch ein bemerkenswert freundlicher und sanfter Junge zu sein, der vor allem an geistigen Dingen interessiert ist. Und das Bild mit dem Engel steckt immer noch an seinem Spiegel.

Das Licht der Liebe

Weil er seinem Wesen nach Liebe ist, erscheint Gott
vor den Engeln ... als eine Sonne.
Und von dieser Sonne gehen Wärme und Licht aus,
wobei die Wärme die Liebe und das Licht die Weisheit ist.
Und die Engel werden Liebe und Weisheit –
nicht aus sich selbst heraus, sondern aus dem Herrn.

EMANUEL SWEDENBORG, »WEISHEIT DER ENGEL«

Da Engel Schöpfungen Gottes sind, der das Licht der Welt ist, ist ein Leuchten oder auch nur ein heller Blitz ein weiteres Zeichen ihrer Gegenwart. Malcolm Muggeridge erzählt in *Etwas Schönes für Gott* die Geschichte von Mutter Teresa aus Kalkutta. Er berichtet von einer Episode, in der die British Broadcasting Company einen Dokumentarbericht über sie drehte. Das Drehbuch sah einige Szenen in Mutter Teresas Heim für Sterbende vor, aber es war wegen seiner kleinen hohen Fenster nur schwach beleuchtet, und der Kameramann war sicher, daß Innenaufnahmen unmöglich seien. Man beschloß, es dennoch zu versuchen; damit jedoch der Besuch nicht völlig umsonst gewesen war, nahm man noch einige Meter Film im sonnigen Hinterhof auf.

Als der Film entwickelt wurde, erschienen die *innen* gemachten Aufnahmen in einem wunderschönen sanften Schein, während die Außenaufnahmen eher dunkel und verwischt waren. Man untersuchte den Film, und er war völlig in Ordnung. Dies konnte einfach nicht möglich sein!

»Ich bin überzeugt, daß das technisch nicht erklärbare Licht tatsächlich übernatürlich ist«, schrieb Muggeridge.

»Mutter Teresas Heim für die Sterbenden fließt über von einer strahlenden Liebe, wie die Heiligenscheine, welche die Maler sahen und sichtbar machten ... Ich finde es überhaupt nicht überraschend, daß dieses Strahlen auf einem photographischen Film festgehalten wurde.«

Dieses Licht der Liebe ist weiter verbreitet, als uns bewußt ist. Nehmen wir zum Beispiel Chad und Peggy Anderson, die an einem kalten Samstag bereits vor Sonnenaufgang in der Küche ihres Hauses in Antioch, Illinois, tätig waren. Peggy, eine Krankenschwester, hatte die Schicht von sieben bis fünfzehn Uhr im McHenry-Krankenhaus, und wie viele arbeitende Ehefrauen wissen, dauert es eine Weile, bis man aufgestanden und hergerichtet ist und das Haus verlassen hat. Wie immer, wenn Peggy die Samstagsschicht hatte, kümmerte sich Chad um die beiden Söhne sowie die beiden Enkelkinder, die derzeit bei ihnen wohnten. Nun jedoch zog er ein bedenkliches Gesicht, während er nach draußen schaute, und sagte: »Es schneit, Peg.«

»Aber nicht stark.« Peggy blickte aus dem Küchenfenster.

»Nein ... aber du solltest sicherheitshalber lieber mit dem Lincoln statt deinem kleinen Chevette fahren.«

»Nun ...« Peggy hatte keine Angst vor Schnee, aber bis zum Krankenhaus waren es fast 35 Kilometer über eine ziemlich kurvige und fast ländliche Straße. Das große Auto würde sicherer sein; also beschloß sie, Chads Rat zu folgen.

Die kalte, weiße Decke ließ alles frisch und neu erscheinen, und obwohl Peggy die einzige auf der Landstraße zu sein schien, genoß sie ihre Fahrt – bis sie an eine Kurve auf einer Brücke, etwa fünfzehn Kilometer vom Krankenhaus entfernt, kam. Das schneebedeckte Pflaster war glatter, als sie angenommen hatte, und wegen des gefrorenen Moores, etwa zehn, zwölf Meter unter ihr, versuchte sie, das Tempo zu verlangsamen. Statt dessen jedoch begann der Wagen, sich um die eigene Achse zu drehen. Verzweifelt versuchte Peggy, das Fahrzeug wieder auszurichten. Aber es war zu spät. Sie hatte die Kontrolle über den Lincoln verloren, der auf das Geländer zuraste und – ohne daß sie es verhindern konnte – in das Moor stürzen würde. Würde sie in einem nassen Gefängnis ertrinken? Was würde aus ihren kleinen Jungs werden? »O Gott«, rief sie aus, während der Lincoln auf das Geländer zuraste, »hilf mir!«

Kein anderes Fahrzeug war zu sehen, und Peggys Scheinwerfer waren das einzige Licht. Aber plötzlich, im Halbdunkel der Dämmerung, erhellte ein warmes Leuchten das Innere des sich drehenden Autos; gleichzeitig wurde Peggy von einem unbeschreiblichen Gefühl der Sicherheit erfüllt. Das Licht wärmte sie, es badete sie in Zufriedenheit . . . und war einfach himmlisch. Sie wußte – ohne genau zu wissen, *woher* sie es wußte –, daß es keinen Grund zur Furcht gab.

Und tatsächlich, das Auto bewegte sich immer noch – aber es näherte sich irgendwie dem Ende der Brücke, ohne das Geländer zu durchbrechen, rollte dann eine Seite des steilen, dreißig Meter langen Grabens entlang auf das darunterliegende Moor zu und kam unglaublicherweise auf einer kleinen Stelle festen Bodens zum Stehen. Sofort ging das Leuchten aus.

»Ich saß voller Verwunderung im Auto, und minutenlang tat ich nichts weiter, als zu beten und Gott zu danken«, erinnert sich Peggy. »Dann stieg ich aus und kletterte zur Straße.«

Die Straße war immer noch leer, aber Peggy sah ein Haus – das einzige weit und breit –, das erleuchtet war und warm und einladend aussah. Der Mann, der dort lebte, war außerordentlich hilfsbereit und wegen ihres glimpflich abgelaufenen Unfalls sehr besorgt um Peggy. Sie rief im Krankenhaus und dann ihren Mann an und sprudelte die Geschichte heraus, als ob sie sie selbst noch nicht glauben könne. Chad schickte einen Abschleppwagen und kam sie in ihrem kleinen Wagen abholen – zusammen mit den Kindern und voller Freude.

»Niemals zuvor war mir etwas Ähnliches passiert, und nichts vergleichbar Herrliches ist seitdem geschehen«, sagt Peggy, die heute mit ihrer Familie Rinder auf einer kleinen Farm in Nebraska züchtet. »Aber die Erfahrung hat mir ein tieferes Verständnis dafür gegeben, was es bedeutet, Gott voll und ganz zu vertrauen.« Sie erzählt immer noch gern von dem Tag, an dem ihr ein Engel auf einer Brücke begegnete – und sie einen kurzen Blick auf den Himmel werfen ließ.

Engel in den Anden

Ein Engel stand und sah mich an,
Durch die niedrige Tür meines Zeltes,
Das Zelt ist abgebaut, die Vision geblieben,
Ich weiß nur, daß sie kam und wieder ging.

JAMES RUSSELL LOWELL, »SIE KAM UND GING«

Dr. Raymond Edman, geboren im Jahr 1900, war Missionar, Dozent, Professor für Geschichte und fünfundzwanzig Jahre lang Präsident des Wheaton College in Wheaton, Illinois, wo auch der Reverend Billy Graham und viele andere bekannte christliche Persönlichkeiten studierten. Dr. Edman schrieb neunzehn Bücher und gab den *Zeugen des Bundes* heraus; aber wahrscheinlich war er vor allem wegen seiner tiefen Hinwendung zu Gott bekannt. »Er war ein Mystiker im besten Sinne des Wortes«, sagte Billy Graham bei Dr. Edmans Beerdigung 1967. »Ein Teil seines Lebens fand immer im Himmel statt.«

Dr. Edman glaubte fest daran, daß Engel mit der Welt in Verbindung stehen und daß ihre Tätigkeit manchmal ein Auftreten in menschlicher Gestalt notwendig macht. Während dieser Zeit »unterscheidet sie nichts in ihrer Kleidung oder Art zu reden von anderen Personen«, sagte er. »Nur das urteilsfähige Herz begreift – zumeist lange danach –, daß der Fremde, der uns im Augenblick der Not geholfen hat, in Wirklichkeit einer von Gottes Engeln war.« Als Beispiel führte Dr. Edman im *Wheaton College Bulletin* ein eigenes Erlebnis an:

Von 1923 bis 1928 waren Edman und seine Frau junge Missionare in den ekuadorianischen Anden. Sie lebten am Rande einer Stadt, wo sie sowohl mit den spanisch sprechenden Einwohnern als auch mit den scheuen, mißtrauischen Indianern in Berührung kamen, die auf dem Weg zum Markt an ihrer Haustür vorbeikamen.

Aber ihr Amt war schwierig. »Die Menschen waren unfreundlich und einige sogar fanatisch in ihrem erbitterten Widerstand gegen unsere Anwesenheit in ihrer Stadt«, erinnerte sich Edman. »Gelegentlich versammelten sich kleinere Gruppen und schrien Beleidigungen oder warfen Steine. Die Indianer, die vom Land kamen, waren uns gegenüber besonders zurückhaltend, da sie von den Stadtleuten eingeschüchtert wurden. Oft war es schwierig für uns, die einfachsten Lebensnotwendigkeiten einzukaufen: Obst, Gemüse oder Holzkohle für den Küchenherd.« Noch belastender als die materielle Not war jedoch die Einsamkeit. Das junge Paar hatte niemals Angst, aber ohne irgendeine Unterstützung, ohne auch nur einen einzigen Freund in diesem fremden Land muß ihre emotionale Isolation sehr stark gewesen sein. Und da sie wußten, daß irgendein Fremder sie belästigen oder in ihr Haus eindringen und sie bestehlen könnte, hielten sie das Gittertor in ihrem hohen Eisenzaun jederzeit verschlossen, was wahrscheinlich zu ihrem Gefühl der Entfremdung noch beitrug.

Das Paar gab häufig hungrigen Fremden zu essen oder versuchte, was es brauchte, von vorbeikommenden Indianern zu kaufen, und eines Mittags, als die beiden im Hinterhof ihres Hauses beim Essen waren, hörten sie ein Klappern am Tor. Als Edman mit dem Schlüssel hinausging, sah er auf der anderen Seite des Tores eine barfüßige Indianerin stehen, die mit dem Vorhängeschloß auf die Kette an der Innenseite des Tores klopfte. Sie trug Perlen und den großen schweren Hut der Bergfrauen sowie ein Kleid aus grobem Wollstoff und einen bunten Gürtel. Auf ihren Schultern trug sie ein blaues Tuch und ein Bündel; sie schien jedoch keine Ware oder Lebensmittel verkaufen zu wollen. Edman hatte sie zuvor noch nie gesehen.

Als er sich näherte, begann sie leise in der für die in der Nähe der Stadt lebenden Indianer typischen Mischung aus Spanisch und Quechua zu sprechen. Sie deutete auf den Bibelvers, den die Edmans an der Veranda angebracht hatten, und fragte: »Seid ihr die Leute, die hergekommen sind, um uns vom lebendigen Gott zu erzählen?«

Edman war überrascht. Niemand hatte ihn dies jemals gefragt. »Yes, *Mamita*« (kleine Mutter), antwortete er, »das sind wir.«

Die Frau erhob darauf ihre Hand, die immer noch auf der Innenseite des Tores geruht hatte, und begann zu beten; sie bat um Segen für das Haus der Edmans, für ihren Mut, Gottes Führung zu folgen, um Freude bei der Erfüllung ihrer Aufgabe. Schließlich segnete sie Edman, zog ihre Hand zurück, lächelte ihm mit leuchtenden Augen zu, verbeugte sich und wandte sich zum Gehen.

Ihre freundliche Unterstützung machte ihn sprachlos. Dann wurde ihm klar, daß es heiß war und er die Indianerin hätte hereinbitten sollen, damit sie etwas essen und sich ausruhen könnte. Schnell schloß er das Tor auf und trat hindurch, um sie zurückzurufen. In den wenigen Sekunden hatte sie nicht weiter als sieben, acht Meter in eine der beiden Richtungen davongehen können – aber sie war nicht mehr da.

»Wohin konnte sie so schnell gegangen sein? Bis zur nächsten Straßenecke waren es mindestens vierzig, fünfzig Meter, und vorher hatte sie nirgendwo hineingehen können.« Edman rannte zur Ecke – wenn sie bis dahin gekommen war, so nahm er an, würde er sie sehen können – aber die Frau war nirgendwo, und er sah auch keine Durchgänge, in die sie hätte schlüpfen können. Er ging zum nächsten offenstehenden Tor und fragte zwei Männer, die gerade ein Rad reparierten, ob eine indianische Frau vorbeigegangen sei.

Sie schauten beide auf. »Nein, mein Herr.«

»Ich meine *gerade eben*.«

»Mein Herr, wir sind hier seit über einer Stunde«, sagte

einer der beiden Männer, »und in der Zeit ist hier niemand hinein- oder herausgegangen.«

Edman hastete wieder zur Ecke, aber es war keine Menschenseele in Sicht. Nachdenklich kehrte er ins Haus zurück und erzählte seiner Frau von dem Vorfall.

Während der nächsten Tage fühlte sich Edman auf seltsame Art und Weise bewegt und hinsichtlich seiner großen Aufgabe voller Frieden. Ein süßer und undefinierbarer Duft schien ihn zu umgeben, der nicht von den Blumen in seinem Garten kam. Erst später dämmerte ihm die Bedeutung all dessen. »Ich begann zu verstehen, daß der Allmächtige keinen seiner irdischen Diener zur Hand hatte, um zwei jungen Missionaren Mut zu machen, also schickte er uns einen Engel aus dem Himmel«, schloß Edman. »In all den vielen Jahren seitdem, während all der schweren Prüfungen des Lebens, ist das Leuchten von Gottes Segen geblieben, ausgesprochen von einer Person, die haargenau aussah wie eine alte Quechua-Indianerfrau.«

Die Hände des Trösters

Wer nach den Umständen das Beste tut,
tut gut und handelt edel; Engel könnten nicht mehr tun.

EDWARD YOUNG, »NACHTGEDANKEN«

Millionen von Menschen sehen die heilsame Familiensendung, die vom Kabelfernsehsender Eternal Word Television Network (Fernsehnetz des Ewigen Wortes) ausgestrahlt wird. Die außergewöhnliche Gründerin des Senders, Mutter Mary Angelica, ist eine katholische Klosternonne, die mit einer Handvoll Schwestern, zweihundert Dollar und praktisch ohne Kenntnisse (»Nun ja«, gibt Mutter Angelica zu, »ich wußte, wie man einen Fernseher einschaltet.«) die einzige Frau im Bereich des religiösen Fernsehens wurde, die einen eigenen Sender hat.

Besucher des EWTN-Komplexes außerhalb von Birmingham, Alabama, müssen einfach beeindruckt sein von dem, was Gott und diese kleine Nonne erreicht haben. Ein Kloster, ein Sender mit Satellitenschüssel, eine Druckerei und eine Kapelle stehen etwas unpassend mitten in dieser streng protestantischen Gegend. Als Mutter Angelica 1981 glaubte, daß Gott sie dazu aufrief, ihr Medienamt anzutreten, folgte sie diesem Ruf ganz einfach, und alles hat sich bestens entwikkelt.

Mutter Angelica nimmt sich selbst nicht allzu ernst, was wahrscheinlich der Grund dafür ist, daß viele Fernsehzuschauer zweimal die Woche ihre Sendung »Mutter Angelica Live« als ihre Lieblingssendung einschalten. Obwohl zu dieser Show ein Studiopublikum, Anrufe von außerhalb und beliebte Gäste gehören, läuft sie doch oft genug alles andere als glatt und perfekt ab. Ab und zu fallen Kulissen um, zum Beispiel, und Mutter Angelica kichert gern oder macht witzige Nebenbemerkungen.

Trotz ihres großmütterlichen Erscheinungsbildes ist sie in ihrer Einstellung zur Moral bestimmt und unzweideutig, aber genauso schnell bereit, Ermutigung und Mitleid auszusprechen. Oft kümmert sie sich während der Sendung um anonyme Anrufer, tröstet eine verzweifelte, geschiedene Frau, tadelt sanft einen Drogenabhängigen und bringt Gottes Heilung »jenen, die vielleicht auf keine andere Art und Weise die Hand ausstrecken können«.

»Ich möchte ein Dorn im Fleisch der Menschen sein«, räumt sie ein. »Ich möchte sie herausfordern; ich möchte wie Johannes der Täufer sein, der sagt, ›streng dich an‹!«

Nur wenige Zuschauer wissen vielleicht, daß Mutter Angelica, die als Rita Rizzo geboren wurde, eine schwere Kindheit hatte. Nach mehreren bitteren Ehejahren ließen sich ihre Eltern scheiden, als sie sechs war. Die kleine Rita erlebte Armut, war verletzlich und – wegen der Scheidung ihrer Eltern – in ihrer Kirchengemeinde in Canton, Ohio, geächtet. Sie war auch von den Nonnen nicht sonderlich beeindruckt. »Ich erinnere mich, wie ich in der Kirche saß und sie beten sah und wie ich mir schwor, niemals zu ihnen zu gehören«, sagt Mutter Angelica. »Ihr Gesichtsausdruck war säuerlich, ihre Kopfbedeckung zu groß – ich war überzeugt, daß sie die unglücklichsten Menschen waren, die ich jemals gesehen hatte.« Dann erlebte sie eines Tages einen Augenblick der Gnade, eine Berührung, die ganz allein ihr galt.

Mutter Angelica hat die Geschichte oft erzählt. Sie war etwa elf Jahre alt, einsam und traurig. An jenem Abend ging sie in die Stadt und achtete nicht auf das, was um sie herum geschah. »Ich war dabei, über eine belebte Straße zu gehen, da hörte ich eine Frau hinter mir schreien«, erinnert sie sich. Rita schaute zurück und erwartete, jemanden in Schwierigkeiten zu sehen; statt dessen kam ein Auto auf sie zu, dessen Scheinwerfer sie blendeten. Sie hatte keine Zeit mehr, sich auf die Fußgängerinsel zu flüchten. Sie erstarrre, schloß die Augen und wartete auf den tödlichen Aufprall.

Da fühlte sie jedoch, wie zwei Hände sie hoch in die Luft hoben. Einen Moment später öffnete sie die Augen und sah sich ungläubig um: Sie stand auf dem Bürgersteig!

Eine Menge versammelte sich. Zuschauer hatten mit einem schrecklichen Unfall gerechnet; statt dessen sahen sie ein wohlbehaltenes, aber erschrecktes kleines Mädchen. Für sie sah es so aus, als sei sie tatsächlich getroffen und durch die Wucht des Aufpralls beiseite geschleudert worden, und sie wunderten sich, daß Rita völlig unverletzt war.

Ein Busfahrer, der den Vorfall von seiner höheren Warte aus beobachtet hatte, berichtete – ungläubig – von einem etwas anderen Ablauf. Er behauptete, daß Rita irgendwie hoch in die Luft katapultiert worden und dabei über die Verkehrsinsel und das heranrasende Auto gesprungen sei. Eine solche Leistung schien unmöglich zu sein, und der Mann war entsprechend verblüfft.

Zu Hause angekommen, erzählte Rita ihrer Mutter, was geschehen war, und beide dankten sie Gott für diesen seltenen Augenblick der Freude. Irgendwie begriffen sie, daß sich trotz all ihrer Not jemand um sie kümmerte.

Das war der Beginn von Ritas Vertrauen in Engel. Als sie in das Kloster der Armen Klarissinnen eintrat, wählte sie einen neuen Namen, der ihnen Ehre machen würde. Später gründete sie das Kloster »Unsere Liebe Frau von den Engeln«, wo sie nach wie vor lebt, Bücher schreibt und ihre Fernsehstation leitet. Ihr Leben ist zu einem Zeugnis der Kraft des Glaubens geworden.

Aber Mutter Angelica hat den außergewöhnlichen Augenblick nicht vergessen, als sie die Hand eines Trösters spürte und wußte, daß Gottes Liebe niemals nachlassen wird.

Ein Wächter am Bett

Was wissen wir von den Gesegneten dort oben,
Außer daß sie singen und daß sie lieben?

WORDSWORTH, »SZENE AM BRIENZER SEE«

Es war das erste Wochenende im September, und Sandy Smith (heute Waters) stand kurz vor dem Ende ihres ersten Jahrs im College. Im vorausgegangenen Frühjahr war ihre Mutter gestorben, und Sandy litt immer noch an dem Verlust und unter dem Wechsel von der High-School auf die Universität. Sie und ihre Freundin Bobbie beschlossen, zum Hocking Hills State Park im südlichen Ohio zu fahren, um dort am Ende ihrer Ferien noch einmal zu zelten.

Sie befanden sich auf der Bundesautobahn 23, als Sandy, die herzleidend ist, einen schmerzhaften Anfall verspürte. »Ich bog über den Schotter zum Straßenrand ab«, erinnert sie sich, »aber ich schlug das Lenkrad zu weit ein. Das Auto schoß über den Rand, rollte einen kleinen Hügel hinunter und überschlug sich dabei mehrere Male.« Sandy war sich sicher, daß sie jetzt sterben würde. »Ich sah die ganze Szene in Zeitlupe – so wie andere Überlebende dies auch berichtet haben«, sagt sie. »Aber ich wurde ohnmächtig, bevor das Auto zum Halten kam.«

Wunderbarerweise war nur ihre Nase gebrochen; doch alles war voller Blut. Bobbie, die bei Bewußtsein geblieben war, gelang es, die Beifahrertür aufzudrücken; sie stolperte zur Straße hinauf, wo sie einen Lastwagenfahrer anhalten konnte.

Als Sandy im Delaware-Memorial-Krankenhaus erwachte, lag sie in einem Bett in einem abgetrennten Alkoven. Wie sehr war sie verletzt? War Bobbie nichts geschehen? Sie sah an sich herab und war entsetzt, überall Blut auf ihrer Kleidung und ihren Armen zu sehen. Einsam und voller Angst begann sie zu weinen.

»Alles, was ich wollte, war meine Mutter«, erzählt Sandy. »Ich rief nach ihr, sie sollte kommen und mich festhalten. Aber sie war tot, und niemand kam.«

Sandy wurde wieder ohnmächtig; und als sie das nächste Mal erwachte, saß jemand neben ihr, streichelte ihre Hand und tröstete sie. »Ich bin nicht sicher, daß es eine Frau war, und ich konnte vor lauter Schmerzen meinen Kopf nicht bewegen; aber ich sah, daß sie fast weißes Haar und eine blasse Haut hatte«, sagt Sandy. »Auch ihre Kleidung war weiß, aber ich konnte nicht sehen, ob sie Hosen oder einen Rock trug.«

Mit dem tröstenden Gefühl dieser beschützenden Hand auf der ihren beruhigte sich Sandy. Von der Gestalt schien ein Geräusch auszugehen, ein tiefes Summen wie vom Flügelschlag Tausender Vögel. Sandy verspürte ein überwältigendes Gefühl von Frieden und Liebe. Diese Liebe schien aus dem Geräusch zu fließen, das den ganzen einsamen Raum erfüllte.

»Das Geräusch klang wie ein Lied – nicht im üblichen Sinne, sondern fast wie eine Million Stimmen, die sich zu den ungewöhnlichsten Tönen zusammenfügen. Ich weiß, daß dieses Erlebnis nicht psychologisch begründet war; ich halluzinierte auch nicht aufgrund meiner Verletzungen. Ich fühlte, daß ein übermenschliches Wesen gekommen war, um mich zu trösten. Und ich spürte eine so tiefe Heiterkeit, daß ich sie unmöglich erklären kann.«

Während die Gestalt summte, fiel Sandy in einen ruhigen Schlaf, und als sie zum dritten Mal erwachte, wusch ihr eine Krankenschwester gerade das Gesicht. Sandy nahm an, sie sei die »Gestalt in Weiß«.

»Wenn Sie fertig sind, könnten Sie dann meine Hand halten – wie vorhin?« fragte sie.

Die Krankenschwester war verwundert. »Niemand hat Ihre Hand gehalten«, entgegnete sie.

»Doch, eine blonde Dame in Weiß«, sagte Sandy. »Ich dachte, Sie wären es gewesen. Haben Sie nicht neben mir gesessen und gesungen?«

»Dazu hätte ich gar nicht die Zeit«, sagte die Krankenschwester. »Wir haben verlängertes Wochenende und gleichzeitig zu wenig Leute.«

»Aber jemand . . .« setzte Sandy an.

»Das muß ein Traum gewesen sein«, beruhigte sie die Krankenschwester. »Sehen Sie: Seit Sie hier hereingebracht worden sind, bin ich draußen vor diesem Alkoven gewesen, und niemand war in Ihrer Nähe. Alle aus dem Notfallzimmer haben sich um Ihre Freundin und die andern Patienten gekümmert, und heute hat auch keine blonde Schwester Dienst.«

Sandy fragte nicht weiter. Es dämmerte ihr, daß ihre Besucherin ein ungewöhnliches Wesen gewesen sein mußte und vielleicht zu einer Zeit zu ihr geschickt worden war, da sie emotional so durcheinander war und ihr Mutter so sehr brauchte, daß nur ein solch besonderes Wesen ihr den Trost bringen konnte, den sie benötigte.

»Es war eine ganz entscheidende Zeit in meinem Leben«, sagt Sandy heute. »Ich durchlebte eine Phase geistiger Rebellion; ich stellte Gottes Existenz in Frage und las viel über Philosophie. Meine Besucherin veränderte mein Denken über Religion; sie gab mir auch meinen Glauben wieder, daß das Leben – trotz des Todes meiner Mutter – wieder gut sein könnte. Die Ruhe, die sie mir zurückließ, blieb mir noch sehr lange erhalten.«

Sandy hat seitdem viele Augenblicke der Freude erlebt. Manchmal erlangt sie auch diesen unbeschreiblichen Frieden wieder – und dann weiß sie, daß ihr Engel in der Nähe ist. Ein besonders wichtiger Moment war der Morgen ihrer Hochzeit, als wieder das bekannte Summen ihr Zimmer erfüllte.

»So müssen wir uns wohl im Himmel fühlen«, sagt Sandy. Sie hat eine wirklich tiefe Beziehung zu Engeln entwickelt und hält überall nach ihnen Ausschau. »Ich glaube, daß ich noch weiteren begegnet bin, auch wenn ich sie nicht erkannt habe«, meint sie. »Und ich bin sicher, daß ich meiner eigenen Trösterin wieder begegnen werde.«

Zweifache Gnade

Lobet den Herrn, ihr seine Engel, ihr starken Helden,
die ihr seinen Befehl ausrichtet,
daß man höre auf die Stimme seines Worts!

103. Psalm, 20

Es ist logisch anzunehmen, daß die Empfänger himmlischer Berührungen vielleicht etwas niedriger stehen als die Engel selbst. »Ich bin nicht sonderlich heilig«, würden die meisten von uns sagen. »Geistige Wesen würden *mir* niemals erscheinen.«

Dennoch sollten wir nicht klüger sein wollen als diese Segensreichen; denn wenn es ihre Aufgabe ist, sich um die Menschheit zu kümmern, damit wir Gott näherkommen, warum sollte dann irgend jemand ausgeschlossen sein?

Bob Lessnau war in einem christlichen Elternhaus aufgewachsen, hatte jedoch aufgehört, Gott wohlgefällig zu sein, als er sechzehn Jahre alt war.

»Als typischer Jugendlicher hatte ich die Vorstellung, daß ich ständig mit der einen oder anderen Sünde Gott kränkte«, sagt er. »Ich beschloß, die Religion aufzugeben.«

Bob diente im Vietnamkrieg, kehrte nach Michigan zurück, wurde Fernsprechtechniker, heiratete und hatte drei Kinder. »In diesen Jahren begann ich über die Male nachzudenken, da ich in Vietnam nur knapp mit dem Leben davongekommen war. Damals fühlte ich mich beschützt, und ich dachte, daß dies vielleicht ein Grund sein könnte, über meine Beziehung zu Gott noch einmal nachzudenken«, berichtet Bob. »Selbst ein Trottel konnte sehen, daß Gott nicht nur *nicht* nach einem

Grund suchte, mich in die Hölle zu werfen, sondern daß er alles tat, um mich am Leben zu erhalten, damit ich wieder zur Vernunft kam!«

Bob hatte beschlossen, seinem guten Vorsatz entsprechend zu leben, als er eines Tages das »Big Boy« in der Biddle Street in Wyandotte, Michigan, betrat. Das Restaurant war belebt, aber nicht überfüllt, und Bob hatte einen guten Überblick über das Lokal. Er setzte sich an den Tresen und bestellte ein Mittagessen. Niemand, den er kannte, war da, neben ihm auf den Barhockern saßen nur Fremde.

Bob sah niemanden, der sich ihm genähert hätte; trotzdem fühlte er, wie ein gelehrt aussehender Mann ihm auf die Schulter tippte. Bob fuhr auf seinem Barhocker herum.

Der Mann sah Bob an. »Ich möchte Sie in der Kirche sehen«, sagte er. Obwohl er nicht laut sprach, war seine Stimme sicherlich von jedem, der in der Nähe saß, zu vernehmen.

Bob war verwirrt und verlegen. »Warum ich? Ich ging zwar damals nicht zur Kirche – und ich rauchte immer noch Marihuana und verhielt mich alles andere als fromm – aber ich trug kein Abzeichen, auf dem ich irgend etwas davon verkündet hätte«, sagt er. »Ich war überzeugt, der Kerl war irgendein Spinner, der für seine Kirche Reklame machte. Doch ich wohnte nicht in Wyandotte, und das sagte ich ihm auch.«

»Ich habe nicht gesagt, in *welcher* Kirche«, antwortete der Mann. »Ich sagte, ich möchte Sie *in der* Kirche sehen.«

Bob drehte sich für einige Sekunden zur Bar hin und dachte über die seltsame Antwort nach, dann wandte er sich wieder um. »Ich wollte ihn fragen, woher er wußte, daß ich nicht zur Kirche ging.«

Aber der Mann stand nicht mehr hinter ihm. Bob konnte ihn überhaupt nirgends sehen. Es waren nur wenige Sekunden gewesen – in dieser Zeit konnte er nicht zur Tür gekommen sein, bemerkt Bob, »es sei denn, er wäre gerannt, was sicherlich die Gäste auf ihn aufmerksam gemacht hätte.« Doch der Mann war fort.

Alles andere war genauso wie vorher: Die Leute aßen und redeten miteinander. Die Gäste direkt neben ihm schienen weder etwas Besonderes gehört noch gesehen zu haben. War Bob die einzige Person im Restaurant, die den Besucher wahrgenommen hatte?

Am Abend besprach Bob den Vorfall mit seiner Frau Sandy. »Wir kamen zu dem Schluß: Wenn Gott all diese Mühe auf sich nahm, damit wir in die Kirche gingen, wir darüber nachdenken sollten.« Sie waren jedoch besorgt, ihre beiden kleinen Kinder könnten andere Teilnehmer am Gottesdienst stören, trotzdem schlossen sie sich einer Kirche der Versammlung Gottes an. Bob beschloß, Marihuana aufzugeben, erlebte, wie sein geistiges Leben aufblühte, und fühlte sich nach einiger Zeit anderen Ehepaaren geistig verbunden.

Und wegen ihrer Kinder hätten sich Sandy und er keine Gedanken machen müssen. »Sie saßen ganz folgsam da«, erinnert sich Bob, »wie kleine Engel.«

Aber Gott war noch nicht fertig mit Bob. Einige Jahre später arbeitete er am Dodge Dart eines Freundes. Das Auto stand in der Auffahrt zu seinem Haus, die ein wenig anstieg. Bob lag unter dem Wagen in Höhe des Benzintanks, und seine Füße zeigten in Richtung des Kühlers. Sein Freund war fortgegangen, um ein Ersatzteil zu kaufen.

»Ich hatte vergessen, daß durch das Entfernen der Antriebswelle die Räder praktisch im Leerlauf waren«, erläutert Bob. »Obwohl der Wagen auf ›Parken‹ stand, begann er rückwärts zu rollen.«

Bob versuchte, unter dem Auto hervorzukommen. Er schaffte es beinahe, aber ein Vorderrad klemmte seinen Fuß ein und drückte ihn gegen das Schienbein. Sein Herz sank, als er sah, daß die Neigung der Auffahrt ausreichte, um das Auto zum Rollen zu bringen, aber zu gering war, um das Rad eine volle Drehung über seinen Fuß machen zu lassen. Er steckte fest.

Der Schmerz schien in seinem Fuß zu explodieren, der sich

anfühlte, als würde er in kleine Stücke zermahlen. Von seinem Ruf alarmiert, kamen Sandy und eine Nachbarin herbeigerannt.

»Wir heben das Rad hoch, Bob, dann kannst du raus!« rief Sandy.

Aber ihre Bemühungen machten alles nur noch schlimmer. Wegen der Neigung der Auffahrt drückten die Frauen mit jedem Versuch, das Rad zu bewegen, dieses nur noch weiter gegen Bobs Fuß. Hätte es sich *vollständig* über seinen Fuß drehen können, wäre er freigekommen, aber so konnte es sich nicht weit genug bewegen.

Bald war er von mindestens sieben weiteren Nachbarn umringt. Alle versuchten es auf die gleiche Weise, aber ohne Erfolg. »Alle zusammen hätten das Rad von hinten wegdrükken sollen«, sagt Bob im nachhinein; »doch keiner von uns dachte im diesem Augenblick klar.« Es schien, als sollte er für immer steckenbleiben. In einem Nebel aus Schmerz und Angst rief er: »Gott, hilf mir!«

Sofort darauf sah er, wie ein großer Mann auf ihn zurannte. Er ergriff die vordere Stoßstange und hob das Chassis des Autos schnell von Bobs Fuß herunter. Bob stöhnte vor Erleichterung und rollte zur Seite.

Alle versammelten sich um ihn.

»Bist du in Ordnung?« fragte jemand. »Sollen wir dich zum Röntgen fahren?«

»Nein.« Vorsichtig bewegte er seine Zehen und drehte den Fuß hin und her. Anscheinend war er nicht verletzt. »Es ist nicht gebrochen«, teilte er den erleichterten Nachbarn mit und stand langsam auf.

Dann sah er sich nach dem großen Mann um, der das Auto so mühelos angehoben hatte. »Mir wurde klar, *wie* stark der Mann sein mußte«, sagt er. »Wenn man die Federung des Autos berücksichtigt, würden die Räder selbst dann noch den Boden berühren, wenn man es fünfundzwanzig, dreißig Zentimeter anhebt. Man mußte es also wesentlich höher heben, damit ein Rad vollständig von einem Fuß herunterkommt. Und außer ihm hob an der Seite niemand.«

Aber da war kein großer Mann, dem Bob hätte danken können. Und niemand hatte jemanden Bob zur Hilfe eilen sehen. »Der große Kerl, der über den Rasen gelaufen kam . . .?« fragte Bob jeden, aber er erntete nur starre Blicke und Kopfschütteln.

»Außer uns war niemand hier«, waren sich die Nachbarn sicher; »und wir hätten einen Fremden bestimmt bemerkt.« Auch Sandy konnte sich an niemanden erinnern, den sie nicht gekannt hätte.

Es waren an jenem Nachmittag keine Abschleppwagen, keine Lieferfahrer oder sonstige Fremde in der Gegend. Niemand hatte ein Auto anhalten gesehen; auffälliger noch: Niemand hatte ein Auto *wegfahren* gesehen. Es gab einfach keine Erklärung, weshalb das Auto sich plötzlich von Bobs Fuß fortbewegt hatte – das heißt: keine *logische* Erklärung.

»Ich bin mir zu neunundneunzig Prozent sicher, daß er ein Engel war – weil er genau im richtigen Augenblick auftauchte, weil er so stark war und weil er so schnell wieder verschwand«, sagt Bob. Obwohl der muskulöse Fremde überhaupt keine Ähnlichkeit mit dem gelehrten Boten im Restaurant hatte, glaubt Bob, sie könnten beide vom Himmel geschickt worden sein.

Warum ist er nicht hundertprozentig sicher? »Vielleicht, weil es Platz für Glauben läßt«, erklärt er. »Ich habe die Wahl: Ich kann diese Erfahrung als glücklichen Zufall ansehen – oder sie Gott zuschreiben.«

Bob hat sich für Gott entschieden.

Er wird Engel schicken

Wie viele Engel gibt es?
Einer – der unser Leben verwandelt – ist genug.

ALTES SPRICHWORT

Es gibt viele Ansichten über Schutzengel. Einige Gelehrte glauben, daß jeder von uns möglicherweise zwei haben könnte. Doch indem sie die folgende Geschichte erzählt, meint Hope Price aus Portland, Oregon, daß einer offensichtlich genügt.

Wenn es stimmt, daß wir alle einen Schutzengel haben, dann ist der meine, soweit ich weiß, dreimal gesehen worden – jedesmal von einer anderen Person.

Meine Mutter, Minnie Metcalf Miller, erzählte: Als ich drei Wochen alt und sehr winzig war – ich war eine Frühgeburt –, sei sie eines Nachts von einem schönen jungen Mädchen geweckt worden, das sich über sie beugte.

Irgendwie begriff meine Mutter, daß ihr neues Baby, das im angrenzenden Zimmer schlief, ihre Hilfe brauchte. Außerdem schien sie zu wissen, daß ihr eine längere Prüfung bevorstand, denn sie zog sich sorgfältig an, bevor sie in mein Zimmer ging. Dort fand sie mich, blau im Gesicht und um Atem ringend.

Es folgte ein langer Kampf mit einer Lungenentzündung, in dessen Verlauf meine Mutter mehrere Nächte hintereinander nicht aus den Kleidern kam. Sie hat erzählt, daß während jeder Minute des Kampfes mit dem Tod das schöne Mädchen an ihrer Seite war.

Eine freundliche Nachbarin sah das Mädchen ebenfalls

und fragte meine Mutter: »Wer ist die schöne Dame, die bei Ihnen wohnt, seit Ihre Tochter krank ist? Ich sehe sie manchmal auf die Veranda kommen.« Die schöne Dame verschwand, als ich wieder vollkommen außer Gefahr war.

Jahre später, 1934, kehrte sie zurück, um mich ein weiteres Mal zu retten. Ich hatte jetzt selbst kleine Kinder und war gerade geschieden. Mein Arzt hatte mir gesagt, daß ich mich einer schweren Operation unterziehen müsse; eine sehr religiöse Frau namens Lude sollte meinen Haushalt versorgen und bei den Kindern bleiben, solange ich im Krankenhaus war.

Lude schien jedoch mit den Verhältnissen in meinem Haushalt unzufrieden zu sein, da sie gewohnt war, in wohlhabenden Häusern mit zusätzlichem Personal zu arbeiten. Eines Nachmittags, als sie das Zimmer mit einem Staubsauger betrat, sprang eine Katze, die unsere Katze besuchen wollte, durchs Fenster und zerbrach die Scheibe. Das brachte für Lude das Faß zum Überlaufen. Sie kündigte ziemlich mürrisch und sagte, sie könne einfach nicht länger bleiben und würde am nächsten Morgen gehen.

Ich fragte mich, was ich jetzt tun sollte. Ich konnte drei kleine Kinder nicht allein lassen, während ich im Krankenhaus war. Dann beschloß ich, am nächsten Morgen den Arzt anzurufen und ihm zu sagen, daß die Operation nicht stattfinden könne.

Früh am nächsten Morgen jedoch betrat Lude strahlend mein Zimmer. Sie trug eine weiße Uniform und sagte lächelnd: »Das Frühstück ist fertig.«

»Das ist nett von dir, Lude, daß du mir das Frühstück bringst, bevor du gehst«, entgegnete ich.

»Mrs. Price«, antwortete Lude, »ich habe es mir überlegt. Ich werde nicht gehen. Vergangene Nacht hatte ich eine Vision: Ein schönes junges Mädchen, ein Engel, kam durch das Fenster dort, das die Katze zerbrochen hat, an mein Bett geflogen. Sie war ganz in leuchtendes Weiß gekleidet und von

Licht umgeben. Es erleuchtete mein ganzes Zimmer. Sie bat mich, nicht zu gehen, weil Sie mich brauchen. Ich werde so lange bleiben, wie es notwendig ist.«

Also ging ich ins Krankenhaus – in der beruhigenden Gewißheit, daß die Kinder in Ludes Obhut sicher waren.

Jedenfalls wurde der Engel von einer freundlichen Person mit sehr viel spirituellem Verständnis gesehen; offensichtlich gehörte sie zu der Art Menschen, die Engel sehen können.

Der liebliche Engel tritt anscheinend immer dann auf, wenn ich ihn am dringendsten brauche. Ich hoffe, das wird immer so bleiben; vielleicht werde ich ihn eines Tages selbst sehen.

Rufer in der Nacht

Engel erscheinen nun einmal selten,
Auch halten sie sich niemals lange auf;
Kurz ist ihr Besuch, und wieder sind sie fort.

JOHN NORRIS, »ZUR ERINNERUNG AN SEINE NICHTE«

Engel tun viele Dinge für uns, aber eine ihrer wichtigsten Aufgaben ist es, uns Hilfe zu bringen, wenn wir sie am nötigsten brauchen. Ich las von einem Vorfall, in dem ein Neurologe aus Philadelphia, Dr. S. W. Mitchell, eines Nachts nach einem anstrengenden Tag von einem kleinen Mädchen geweckt wurde, das an seine Tür klopfte. Das Kind, ärmlich gekleidet und voller Angst, erzählte ihm, seine Mutter sei krank und brauche einen Arzt.

Dr. Mitchell folgte dem Mädchen durch die verschneite Nacht und fand die Mutter schwer an Lungenentzündung erkrankt vor. Nachdem er sich um ihre medizinische Versorgung gekümmert hatte, erwähnte er ihr gegenüber lobend die Intelligenz und Beharrlichkeit ihrer kleinen Tochter. Die Frau sah ihn seltsam an und sagte: »Meine Tochter ist vor einem Monat gestorben.«

Dr. Mitchel war verwirrt; er ging an den Kleiderschrank und öffnete die Tür. Dort hing der Mantel, den das kleine Mädchen getragen hatte, als es ihn zu seiner Mutter führte. Trotz des starken Schneefalls war der Mantel vollkommen trocken.

Und es gibt einen Bericht von Pfarrer O'Keeffe aus Cork in Irland, der von einem gutaussehenden jungen Mann gebeten wurde, einer sterbenden Frau die letzte Ölung zu geben. Der Priester folgte dem Mann in eine ärmliche Gegend von Cork, in der außer baufälligen Ställen nichts zu sehen war. »Wo, um Himmels willen, ist diese Frau?« fragte er seinen Begleiter.

»Wir sind ganz in der Nähe, Herr Pfarrer«, sagte der junge Mann und verschwand sofort darauf.

Der Priester war verwundert und hilflos – bis er ein Stöhnen hörte. Er fand eine junge Frau, die auf einem Misthaufen im Sterben lag. Sie erzählte ihm, sie stamme aus einer wohlhabenden Familie und habe eine Klosterschule besucht, wo die Nonnen sie gelehrt hatten, ihren Schutzengel anzurufen, wenn sie jemals in Not geraten sollte.

Die Frau hatte später ein sündiges Leben geführt, und nun, da sie verlassen und einsam sterben sollte, sich ihrer früheren Lehrerinnen erinnert und ihren Schutzengel gebeten, ihr einen Priester zu bringen.

Ich erfuhr von einem ähnlichen Vorfall in Chicago. Ende der siebziger Jahre des letzten Jahrhunderts gründete der Jesuit Arnold Damien die Kirche der Heiligen Familie, die westlich des Circle Campus der Universität von Illinois an der Roosevelt Road steht. Pfarrer Damien war ein hervorragender Prediger, der sehr viel reiste. Außerdem baute er eine große Gemeinschaft von Ministranten in seiner Gemeinde auf: Gegen Ende des vorigen Jahrhunderts wurden Hunderte von katholischen Jugendlichen in Chicago darin unterwiesen, dem Priester während der Messe zur Hand zu gehen.

Die Jahre vergingen, und Pfarrer Damien zog sich mit zunehmendem Alter allmählich aus seinem Dienst zurück. An einem besonders kalten und windigen Abend kamen zwei kleine Jungen zur Pfarrei der Heiligen Familie, wo Damien wohnte, und läuteten die Glocke. Ihre Großmutter sei sehr krank, erklärten sie dem Pförtner, als dieser die Tür öffnete, und sie brauche einen Priester für die letzte Ölung.

»Es ist zu kalt und regnerisch heute abend«, sagte der Pförtner. »Wir werden am Morgen einen Priester schicken.«

Aber Pfarrer Damien hatte die Glocke läuten gehört und ging zu den Jungen. »Ich komme sofort mit euch«, sagte er. »Kommt herein und wärmt euch auf, während ich die heilige Kommunion aus der Kirche hole.«

Er folgte den Jungen durch die kalten und verlassenen Straßen. Sie führten ihn schließlich zu einem abgelegenen Teil der Gemeinde, fast zwei Kilometer von der Pfarrei entfernt. »Sie ist dort oben im Dachgeschoß«, sagte einer der Jungen und zeigte auf ein verfallenes Haus.

Der Priester stieg die engen, dunklen Treppen hinauf. Tatsächlich, im obersten Stockwerk stand die Tür offen. Er betrat die dunkle Wohnung und fand eine alte Frau. Sie war krank und fror und war dem Sterben nahe. Schnell verabreichte er ihr die Sterbesakramente für ihre Reise in die Ewigkeit. »Herr Pfarrer«, flüsterte sie, nachdem er sie gesegnet hatte, »wie kommt es, daß Sie hier sind? Nur ein paar Nachbarn wissen, daß ich krank bin, und von denen ist niemand katholisch.«

»Nun, Ihre beiden Enkelsöhne haben mich zu Ihnen gebracht«, erklärte der Priester.

Die Frau schloß ihre Augen. »Ich hatte zwei Enkelsöhne, Herr Pfarrer«, sagte sie, »und sie waren Meßdiener in der Kirche der Heiligen Familie. Aber sie sind beide vor vielen Jahren gestorben.«

Waren die kleinen Boten Engel? Pfarrer Damien glaubte es. Und um an diese himmlische Erscheinung zu erinnern, ließ er Statuen von zwei Ministranten anfertigen, die mit Kerzen in den Händen hoch über dem Eingang zum Allerheiligsten der Kirche stehen und einander anschauen – bis auf den heutigen Tag.

Eine Stimme vom Jenseits

Die Engel . . . sorgen für unsere Sicherheit,
übernehmen unsere Verteidigung, lenken unsere Schritte und
üben einen ständigen Schutz aus, damit nichts Böses uns befalle.

JOHANNES CALVIN, »INSTITUTIO CHRISTIANAE RELIGIONIS«, BAND I

Margaret führte jeden Morgen den Hund aus; ihr Mann Paul tat dies am Abend. Auf der anderen Seite einer belebten Straße vor ihrem Haus lag ein kleiner Park, und meistens ging Paul mit dem Hund dorthin. Er war ein zurückhaltender Mann, der das Alleinsein liebte und selten seine Gefühle zeigte.

An einem Abend im April gegen neun Uhr begaben sich Paul und der Hund auf ihren üblichen Weg. »Ich bin nach dem Abendessen nie in der Garage«, erzählt Margaret. »Aber an jenem Abend suchte ich dort zufälligerweise etwas. Die Garagentür stand offen, und obwohl es draußen fast dunkel war, konnte ich Paul ganz genau sehen, wie er unsere Einfahrt zur Straße hinunterging.«

Paul mußte einige Augenblicke warten, bis sich eine Lücke im Verkehr ergab. Während er dort stand, hörte Margaret eine Stimme rufen: »Paul!« Das war alles.

»Es war eine männliche Stimme, die freundlichste Stimme, die ich jemals gehört habe«, sagt sie. »Entlang unserer Einfahrt stehen einige Büsche, und ich nahm an, daß unser Nachbar, von der Garagenmauer und den Blättern verdeckt, nach Paul rief.

»Aber ich kenne seine Stimme, und diese wunderbare Stimme war nicht die seine. Eine Sekunde später fiel mir ein, daß der Nachbar nicht zu Hause war.«

Paul schien die Stimme nicht gehört zu haben. Vielleicht war alles nur Einbildung oder das Geräusch des Windes? Doch es ging kein Wind. Oder war es jemand in einem vorbeifahrenden Auto? Aber die Stimme war aus ihrer Richtung gekommen, als ob die rufende Person in ihrer Nähe war.

Verwundert fragte sich Margaret, ob sie etwas tun solle – und was. Wieder wollte ihr Mann vom Bürgersteig heruntertreten, als die freundliche Stimme seinen Namen rief: »Paul!«

Jetzt sah Margaret, wie Paul innehielt. Hatte er dieses Mal die Stimme auch gehört?

In diesem Augenblick begann im Park ein großer Baum zu fallen. Fast wie in Zeitlupe stürzte er zu Boden, bis er mit einem lauten Krachen quer über den Parkweg fiel und seine längsten Zweige bis an den Rand der Straße streckte. Die Stelle war genau dort, wo Paul immer spazierenging und wo er in diesem Augenblick gewesen wäre, hätte die Stimme ihn nicht aufgehalten. Wie betäubt stand Margaret da und starrte auf den Baum. Ungerührt wie immer ging Paul über die Straße, um den Baum herum, betrachtete ihn eine Weile und setzte dann seinen Weg fort. Als er jedoch ins Haus zurückkehrte, hatte er Gelegenheit zum Nachdenken gehabt.

»Jemand rief meinen Namen«, sagte er zu Margaret. » Es geschah zweimal. Hast du die Stimme gehört?«

»Ja. Ich fragte mich, ob du sie hörtest.«

»Aber es war niemand in der Nähe – es sei denn, du hättest jemanden gesehen.«

»Nein«, sagte Margaret. »Und von der Garage aus hätte ich ihn sehen müssen.« Sie sahen einander an.

»Nun denn«, sagte Paul auf seine übliche ruhige Art, »dann muß es wohl mein Schutzengel gewesen sein.«

Margaret wiederholte die Szene immer wieder vor ihrem geistigen Auge, und ihr Mann erzählte mehreren Nachbarn und Verwandten von dem Vorfall. Aber keiner von beiden traf irgend jemanden, dem sie hätten danken können.

Baumeister

Was der gesamten Menschheit unmöglich ist,
kann der Metaphysik und der Physiologie
der Engel möglich sein.

JOSEPH GLANVILL, »DIE EITELKEIT DES DOGMATISIERENS«

In der Mitte des 19. Jahrhunderts reiste eine kleine Gruppe mutiger katholischer Nonnen per Paddelboot und Planwagen von Kentucky ins sonnengebleichte Santa Fe, New Mexico, um dort eine Schule zu gründen. Ihre neue Umgebung war karg, die Menschen waren zumeist Indianer und Mexikaner, und während die Schwestern von Loreto Spanisch lernten und sich eingewöhnten, wohnten sie in einem winzigen Lehmhaus. Im Laufe der Zeit bauten ihnen mexikanische Handwerksleute ein größeres Kloster, eine Schule und eine Kapelle aus Lehmziegeln.

Schließlich wurde die winzige Kirche zu klein für die wachsende Gemeinde, und 1873 begannen die Bauarbeiten an einem größeren Gebäude aus Stein. Zu Ehren ihres Bischofs und seiner französischen Herkunft sollte die Kapelle von Loreto das erste gotische Bauwerk westlich des Mississippi werden. Nach den Maßstäben des amerikanischen Südwestens war es von eindrucksvoller Größe: Es sollte etwa acht auf zweiundzwanzig Meter messen, eine Höhe von etwa fünfundzwanzig Metern haben und an der rückwärtigen Seite über eine Chorempore verfügen.

Die Arbeit schritt bis kurz vor der Vollendung rasch voran; dann erkannten die Schwestern, daß jemand einen gewaltigen Fehler gemacht hatte: Es gab keine Möglichkeit, vom

Boden der Kapelle zur Empore hochzusteigen. Aus Versehen war ein Treppenaufgang oder ein Verbindungsstück in den Plänen nicht vorgesehen. Mutter Magdalena, die Oberin der Gruppe, beriet sich mit mehreren Zimmermeistern, aber deren Urteil war immer das gleiche: ein Treppenaufgang sei unmöglich. Die Empore war auch außergewöhnlich hoch, so daß ein normaler Durchgang zu viel Platz weggenommen hätte. Es gab nur zwei Alternativen: über eine Leiter auf die Empore zu klettern, was nur wenige Schwestern sich vorstellen konnten, oder den gesamten Balkon abzureißen, was eine finanzielle Katastrophe bedeutet hätte.

Bezeichnenderweise beschlossen die Schwestern, nicht sofort zu handeln, sondern einfach zu beten und abzuwarten. Sie richteten eine Novena, ein neuntägiges Gebet, an den heiligen Joseph, Schutzpatron der Zimmerleute, und baten um eine durchführbare – und, wie sich vermuten läßt, billige – Lösung ihres Problems.

Am letzten Tag der Novena näherte sich ein grauhaariger Mann dem Kloster; an der Hand führte er einen Esel, der eine Kiste mit Werkzeugen trug.

»Ich habe von Ihrem Problem mit der Kapelle gehört«, sagte er zu Mutter Magdalena. »Würden Sie mir den Versuch gestatten, eine Treppe zu bauen?«

»Aber natürlich«, antwortete Mutter Magdalena. Vermutlich fragte sie sich, wie der Mann dies bewerkstelligen wollte. Spätere Erzählungen berichten, er habe nur einen Hammer, eine Säge und eine Reißschiene besessen. Es gibt auch keinen Hinweis darauf, daß er Holz bestellt hätte, aber einige Augenzeugen berichten, sie hätten Wannen voller Wasser herumstehen sehen, in denen Holzstücke eingeweicht wurden.

Hinsichtlich der Dauer der tatsächlichen Arbeit weichen die Berichte voneinander ab – einige sprechen von sechs bis acht Monaten –; aber schließlich verschwand der Mann. Mutter Magdalena wollte ihn auszahlen, doch er war nirgendwo zu finden. Auch hatte die örtliche Holzhandlung keinerlei

Kenntnis von dem ganzen Vorhaben noch irgendwelche Materialbestellungen erhalten. Bis heute gibt es keinen Hinweis darauf, daß die Arbeit jemals bezahlt wurde.

Und was für eine Arbeit das war! Als die Schwestern die Kapelle inspizierten, sahen sie eine elegante Wendeltreppe, die den Boden mit der Empore verband und so klug angelegt war, daß sie nur ein Minimum an Platz brauchte. Sie wird nur von Holzzapfen statt von Eisennägeln zusammengehalten; jede Stufe setzt sich aus mehreren Stücken zusammen und ist perfekt gerundet und eingepaßt. Die gesamte Treppe vollführt zwei ganze Drehungen von 360 Grad; da sie jedoch weder eine tragende Mitte noch seitliche Verankerungen hat, hätte sie schon längst in sich zusammenfallen müssen. Fachleuten ist es nicht gelungen, das Holz zu identifizieren; aber es gehört ganz sicher nicht zu den Sorten, die in New Mexico beheimatet sind. Woher hatte der Zimmermann dieses Holz? Abgesehen von einigen kleinen Veränderungen sowie einem später angebrachten Geländer ist die Treppe heute genauso, wie sie vor hundert Jahren gebaut wurde – ein architektonisches Wunder, das vielen Architekten, Ingenieuren und Baufachleuten, die es besichtigen, Rätsel aufgibt.

Die Schwestern bleiben stumm dazu, *wer* der verständnisvolle Baumeister war – sie können es bestenfalls vermuten. Aber er hinterließ einen heiligen Ort, und ihre Gemeinschaft ist dafür auf immer dankbar.

In Covington, Kentucky, fand ein ähnliches Ereignis statt. 1938 bereisten der Geistliche Maurice Coers und seine Frau das Heilige Land, wo sie von einem Besuch eines Grabmals tief bewegt wurden, das als das authentische Grab Jesu bezeichnet wurde. Eines Tages, beschloß Reverend Coers, würde er eine Nachbildung dieser Grabstätte in Amerika bauen; sie würde ein heiliger Ort für Menschen aller Glaubensrichtungen werden, die sich einen Besuch des Originals im Heiligen Land nicht leisten konnten.

Mitte der fünfziger Jahre war Reverend Coers Geistlicher an der Immanuel-Baptisten-Kirche in Covington, und er erzählte seiner Gemeinde von seinem Traum. Der Plan erfuhr begeisterte Unterstützung, und Reverend Coers fand einen hervorragend geeigneten Ort, einen schönen Hügel oberhalb des Ohio. Obwohl der Besitzer sich zunächst zierte, sein Land zu verkaufen, stimmte er schließlich zu. In ganz Covington spendeten die Menschen Geld, und schließlich wurden auch die Reproduktion einer Zimmermannswerkstatt aus dem 1. Jahrhundert, eine Kapelle und ein Buchladen Teil der Planungen. Coers nannte alles zusammen den »Garten der Hoffnung«.

Die Grabstätte und der Garten wurden fertiggestellt, und die Kirchen hielten bereits Gottesdienste im Innenhof vor dem Eingang des Grabmals ab, als die ersten Schwierigkeiten auftraten. Während des Winters von 1958 begann der Hügel seitlich nachzugeben, was dazu führte, daß der aufwendige Garten, Wege und der Innenhof wegrutschten. »Im darauffolgenden Sommer lieh sich die Kirche vierzigtausend Dollar, um Zementpfeiler in die Erde einbringen und tonnenweise Beton an den Fuß des Hügels gießen zu lassen«, erinnert sich ein langjähriges Gemeindemitglied. Die Bauleute errichteten auch den Innenhof neu und stützten ihn mit zusätzlichem Beton ab.

Doch während des nächsten Winters rutschte das gesamte Gelände einschließlich des Innenhofs wiederum bis zum Grund des Hügel ab. Anerkannte Ingenieuere kamen und besahen sich das Problem der Kirche, aber ihr Urteil lautete immer gleich: An dieser Stelle konnte der Garten der Hoffnung nicht errichtet werden. Es war jedoch kein Geld mehr da, anderswo neu zu bauen. »Es war herzzerreißend«, erinnert sich Coers' Witwe heute. »Der Garten der Hoffnung war für Maurice ein Wirklichkeit gewordener Traum gewesen, und jetzt schien er unmöglich geworden zu sein.«

An einem heißen Tag im August 1959 standen mehrere

Kirchenmitglieder im Garten und diskutierten niedergeschlagen die Situation. Was konnte man tun? Mehr Bäume fällen? Neu bauen? Noch mehr Beton in den Fuß des Hügels gießen? Oder sollte man das Projekt aufgeben?

Niemand beachtete den Fremden, der sich seinen Weg durch den Garten bahnte, bis er vor ihnen stand. »Ich suche Reverend Coers«, sagte der Mann.

Die anderen sahen ihn an. Er war riesig, wog sicher mehr als 70 Kilo und trug eine Latzhose. Jemand lief los und holte den Geistlichen.

»Ich höre, Sie haben hier einen Erdrutsch«, sagte der große Mann.

»Das stimmt«, räumte Reverend Coers ein. »Die Erde da unten ist schon voller Beton und Stahlpfeilern, aber nichts scheint den Hügel – und alles, was auf ihm ist – am Rutschen hindern zu können.«

»Zeigen Sie mir alles«, schlug der Mann vor.

Reverend Coers, beeindruckt von der Würde und der selbstbewußten Ausstrahlung des Mannes, tat dies, während die übrigen Männer weitersprachen und dabei herumgingen. Als der Geistliche jedoch von seinem kurzen Rundgang zurückkehrte, war er sehr aufgeregt. Der Mann in der Latzhose war anscheinend ein Ingenieur, der Erfahrungen mit dem Bau von Eisenbahnstrecken hatte, vor allem in den bergigen Gegenden des Westens. »Er hat mir gesagt, ich solle alles aufschreiben, und das hab' ich getan«, erzählte Coers den anderen und wedelte mit mehreren Blättern Papier. »Wir brauchen anscheinend Bauarbeiter, die eine Art Mauer errichten, wie sie beim Eisenbahnbau verwendet wird, um Hügel zu stützen.« Reverend Coers war von neuer Begeisterung und Freude erfüllt. Niemand bemerkte, daß der Mann in der Latzhose verschwunden war.

Bauarbeiter wurden angeheuert, und die Stützmauer wurde vor dem geplanten Datum fertiggestellt. Aber würde sie auch halten?

Winterwetter setzte ein – mit einer Kältewelle, wie sie Kentucky nur selten erlebt hatte. Frost und Tauwetter wechselten sich fast täglich ab, und ganz Covington hielt den Atem an. Die Mauer hätte keiner strengeren Prüfung unterzogen werden können. Aber trotz allem bewegte sich nicht ein Fußbreit Erde.

Heute ist der Hügel von Covington eine beliebte Pilgerstätte, und die Kapelle dient zahlreichen Hochzeiten, Gottesdiensten und Seminaren. Die Werkzeuge in der Zimmermannswerkstatt sind viele Jahrhunderte alt und wurden von Israels Ministerpräsident David Ben Gurion gestiftet. Ein Stück der Klagemauer, eine Fahne aus Ägypten und ein Stein von jenem Hügel, auf dem Jesus die Bergpredigt hielt, können zusammen mit den Glasmalereien und Statuen, die von den Kirchen vieler Glaubensbekenntnisse gestiftet wurden, bewundert werden; dieses Projekt ist ein wahrhaft ökumenisches Unterfangen.

Nur wenige Besucher bemerken vielleicht die Stützmauer, obwohl dann und wann ein Ingenieur ihre einzigartige Struktur und Konstruktion bewundert. Doch niemand kann erklären, auf wen sie zurückgeht. Denn der freundliche Baumeister hat dem Gemeinderat niemals eine Rechnung geschickt. Er war kein Mitglied irgendeiner Ingenieurvereinigung und wurde auch nicht in der Liste vereidigter Ingenieure der Vereinigten Staaten geführt; und trotz seiner imposanten Erscheinung wurde er in der Gegend von Covington niemals wiedergesehen.

Wie die Wendeltreppe von Santa Fe spricht auch die Mauer wortlos und überzeugend zugleich von unsichtbaren Dingen.

Julias Besucher

*Er hörte ein seltsames Geräusch, wie ein Schwirren . . .
und als er den Kopf reckte, um weiter sehen zu können,
hätte er schwören können, daß er eine dunkle Gestalt
in der Luft sah, getragen von einem Paar
starker schwarzer Flügel.*

BERNARD MALAMUD, »ENGEL LEVINE«

Eleanor Duffin aus Justice, Illinois, teilte mir eine Geschichte mit, die sie von ihrer im Jahr 1884 geborenen Mutter hatte.

Julia Zulaski, eine gewissenhafte Frau, widmete einen großen Teil ihrer Zeit der Unterrichtung ihrer Kinder in spirituellen Angelegenheiten. Morgens, bevor sie Eleanor und ihre drei Geschwister anzog, betete Julia mit ihnen zusammen zu ihren Engeln, daß diese sie beschützten. Abends legte sie die Kinder in ein großes Doppelbett, drehte das Licht aus, kniete im Halbdunkel nieder und betete für sie.

»Da wir vier innerhalb von vier Jahren geboren wurden, waren wir alle noch klein und paßten jeweils zu zweit an ein Ende des Bettes«, berichtet Eleanor. Die Kinder fühlten sich behaglich und sicher, wenn sie ihre Mutter neben sich beten sahen.

Eines Abends, nachdem Eleanor und ihre Geschwister eingeschlafen waren, blieb Julia in dem abgedunkelten Zimmer noch auf den Knien. Während sie betete, bemerkte sie, daß die Wand des Schlafzimmers, in der sich ein Fenster befand, zu leuchten begann. Leuchtete etwas von draußen herein? Bevor sie aufstehen und nachsehen konnte, erstrahlte die ganze Wand in einem intensiven Leuchten.

Dann sah die überraschte junge Frau einen großen Engel durch das geschlossene Fenster hereinfliegen. Er erschien stark und mächtig – genauso, wie auf den Bildern von Engeln, die Julia in Büchern gesehen hatte. Einen Augenblick lang schwebte er wie beschützend über dem Bett, in dem die vier Kinder schliefen. Dann, während Julia in ehrfürchtigem Schweigen zusah, flog er quer durch den Raum und durch die gegenüberliegende Wand nach draußen, und das Zimmer wurde wieder dunkel.

»Meine Mutter erzählte mir erst von diesem Ereignis, als ich ein Teenager war«, erzählt Eleanor; »und nachdem sie es mir einmal erzählt hatte, erwähnte sie es niemals wieder.« Es war, als ob eine solche Erinnerung zu kostbar sei, um in Worte gefaßt zu werden – vor allem dann, wenn andere ihre Herrlichkeit und Bedeutung nicht würden erfassen können.

Julia Zulaski lebte ein glückliches Leben, in dem sie einen großen Teil ihrer Zeit frohen Herzens anderen widmete. Vielleicht wußte sie, daß sie wenig Grund hatte, sich Sorgen zu machen. Ihr Engel war schließlich in der Nähe.

Die Dame in Grau

In dieser dämmrigen Welt mit ihren Sorgenwolken
Erkennen wir nur wenig – bis erstaunte Augen weiße
Schwingen sehen, die den Himmel wieder freimachen:
Engel sind bei uns, ohne daß wir es wissen.

GERALD MASSEY, »DIE BALLADE VON BABY CHRISTABEL«

Rettungen durch Engel sind manchmal dramatisch. Aber sie können auch auf sanfte Art geschehen, so sanft, daß derjenige, dem geholfen wird, sich des Übernatürlichen erst bewußt wird, nachdem einige Zeit vergangen ist. Jean Doktor aus Oceanside, Kalifornien, weiß dies nur allzu gut.

1980 wurde Jeans Mann John von einer seltsamen Krankheit befallen. Bis dahin war er ein gesunder Sechzigjähriger gewesen, der jeden Tag joggte; doch nachdem er von einer Geschäftsreise zurückgekehrt war, bekam er ein zunächst leichtes Fieber, das schnell auf 40,5 Grad kletterte. Johns Arzt gab ihm Antibiotika, aber am nächsten Tag war das Fieber noch nicht zurückgegangen, und John verhielt sich merkwürdig. »Immer, wenn ich mit ihm sprach, schien ich in seinen Antworten zwei Stimmen zu hören«, erinnert sich Jean. Eine war die vertraute Stimme ihres Mannes, die jetzt schwach und abwesend klang. Darunter schien jedoch noch eine weitere zu liegen, tief und tröstend; und Jean hatte den Eindruck, *diese* Stimme wollte sagen: »Du wirst dies durchstehen, John.«

Jean rief den Arzt wieder an und berichtete nicht nur von den Symptomen der Krankheit, sondern auch von dem Phänomen der zwei Stimmen. »Anscheinend halluziniert er wegen des hohen Fiebers«, meinte der Arzt. »Bringen Sie ihn sofort ins Krankenhaus.«

Das tat Jean; und obwohl die Diagnose Lungenentzündung lautete, erholte sich John bald und wurde wieder nach Hause geschickt. Aber die seltsamen Symptome traten wieder auf, und als John in aller Eile zum zweiten Mal ins Krankenhaus gebracht wurde, befand er sich in einem halbbewußtlosen Zustand. »Der Arzt sagte uns, John könne unsere Stimmen hören, aber uns nicht antworten – statt dessen wiederholte er jedes Wort, das wir zu ihm sagten«, erzählt Jean. »Es war ein Alptraum. Mein gesunder, zuverlässiger Ehemann verfiel vor meinen Augen.«

Während der nächsten Tage wurde John immer wieder bewußtlos. Vier Spezialisten wurden hinzugezogen; sie nahmen Blut und Rückenmarkproben, überprüften sogar die Möglichkeit einer chemischen Vergiftung, aber die Erkrankung blieb ihnen ein Rätsel. Nichts schien zu helfen – und anscheinend gab es nichts mehr, das man noch tun konnte.

Am Samstag abend versammelten sich die vier erwachsenen Kinder der Doktors im Krankenzimmer ihres Vaters, erschrocken über seinen Verfall. Jean weinte leise vor Angst und Erschöpfung. Es schien offensichtlich zu sein, daß John ihnen langsam entglitt, und sie konnte nichts tun, um ihm zu helfen. »Bitte, Gott«, betete sie, während sie seine schlaffe Hand hielt, »laß mich meinen Mann behalten. Ich brauche ihn . . . ich liebe ihn . . .«

Am Sonntag morgen war Jean allein im Krankenzimmer und wusch Johns eingefallenes, blasses Gesicht. Da klopfte es, und als sie sich erhob, stand sie einer älteren, in elegante graue Seide gekleideten und sorgfältig frisierten Dame gegenüber. Sie trug einen kleinen goldenen Behälter, in dem sich Kommunionshostien befanden, und Jean nahm an, sie sei, was Katholiken eine »Laiengeistliche« nennen, eine Person, die Krankenhauspatienten die Eucharistie bringt.

»Stellen Sie Bruder John auf die Füße«, sagte die Frau zu Jean in einem freundlichen, aber bestimmten Ton.

Bruder John? Wer *war* diese Person? Jean war sich sicher, daß eine Laiengeistliche sich niemals in die tägliche Versorgung eines Patienten einmischen würde. »Das ist unmöglich«, protestierte sie. »Mein Mann kann sich nicht bewegen.«

»Er muß aufstehen«, wiederholte die graue Dame in sanftem, aber vorwurfsvollem Ton. Jean war über die Anmaßung der Frau irritiert. Was, wenn die Stationsschwester hereinkam und entdeckte, daß sie John beunruhigten? Dennoch fühlte sich Jean verpflichtet, dieser barschen, aber auf seltsame Art tröstenden Fremden zu gehorchen – so sehr, daß sie plötzlich ihren Mann in eine sitzende Stellung hochzog. Die Frau schaute ihr ruhig und gelassen zu.

John war sehr schwach, aber er wehrte sich nicht gegen Jeans Bemühungen, und irgendwie schafften sie es mit ihrer Hilfe, ihn auf schwankende Füße zu stellen. Dann ergriff die graue Dame ihre beiden Hände, und Wellen gleichsam kalter Elektrizität schossen durch Jeans Körper.

»Wir bitten ernsthaft um die Heilung von Bruder John«, murmelte die graue Dame; »und möge die Liebe Jesu ihn berühren. Möge er sofort geheilt werden.«

Sie legte die Oblate auf Johns Zunge, verschloß das kleine goldene Kästchen, wandte sich um und verließ rasch das Zimmer. Jean half John, sich wieder ins Bett zu legen, wo er sofort in einen tiefen Schlaf fiel.

Welch ein seltsames Erlebnis, dachte Jean. Glücklicherweise hatte das Krankenhauspersonal nicht mitbekommen, wie sie John aus dem Bett gezerrt hatte! Doch es war nett von der Schwester gewesen, die Besuchsregeln einmal außer acht zu lassen. Dankbar streckte Jean ihren Kopf zur Tür hinaus: »Ich danke Ihnen, daß John die Kommunion haben durfte«, sagte sie zu der Schwester, die an ihrem Schreibtisch saß. »Die Laiengeistliche ist gerade wieder gegangen.«

Die Schwester sah sie an. »Ich sitze hier seit fünfundzwanzig Minuten«, antwortete sie. »Ich habe niemanden in Ihr Zimmer gehen sehen.«

Verwundert ging Jean auf eine Frau zu, die vor der Tür zum Nachbarzimmer stand. »Haben Sie jemanden aus unserer Tür kommen sehen?« fragte sie.

»Nein.« Die Besucherin schüttelte den Kopf. »Und ich stehe hier seit mindestens einer halben Stunde.«

Jean überprüfte alle Zimmer des Stockwerks, dann ging sie in die Wartezimmer und die Eingangshalle. Dort hatte sich die graue Dame nicht angemeldet. Es war eine Gruppe katholischer Männer dagewesen, die Patienten die heilige Kommunion gebracht hatte, aber keine Frau – gleich welcher Beschreibung und welchen Alters – hatte zu ihnen gehört. Am Ende ihrer Weisheit gab Jean auf. Es war zwar merkwürdig, aber sie beschloß, es zu vergessen, zumal John anscheinend keinen Schaden genommen hatte.

John schlief den ganzen Tag, und nachmittags um halb fünf setzte er sich plötzlich im Bett hin. Jean wurde ganz kalt vor lauter Angst. Halluzinierte er wieder? Aber nein.

»Warten die Kinder unten in der Eingangshalle?« fragte er sie.

»Ja. Möchtest du, daß ich sie hole?«

»Nein. Ich ziehe mich an und gehe nach unten, um sie zu begrüßen.«

»Auf gar keinen Fall!« sagte Jean erschreckt. »Du bist sehr krank – nach der Anstrengung wird es dir noch schlechter gehen ...«

»Ich fühle mich sehr gut, ehrlich«, antwortete ihr John.

Jean sah genauer hin. Johns zuvor bleiches Gesicht war jetzt rosig; er sah gesünder aus als in all den letzten Wochen. So gab sie nach und half ihm, Slipper und Hausmantel anzuziehen. Der Ausdruck der Freude und Erleichterung auf den Gesichtern der Kinder bestätigte Jeans eigenen Eindruck: Ihr Mann war auf dem Wege der Besserung.

Am nächsten Morgen untersuchte der Arzt John gründlich

und konnte nur noch staunen. »Sein Fieber ist verschwunden, seine Augen sind klar, und er könnte genausogut nach Hause gehen, es gibt keine Anzeichen der Krankheit mehr«, sagte er zu ihnen. »Ich kann es einfach nicht erklären.« Jean sah keinen Grund, die Dame in Grau zu erwähnen – sicher nicht gegenüber einem Mediziner. Innerhalb von zwei Wochen hatte John seine normale Tätigkeit wiederaufgenommen, und bis zum heutigen Tag ist er gesund geblieben.

Lange Zeit widersetzte sich Jean dem Gedanken, ihre mysteriöse Besucherin sei ein Engel gewesen. Erschienen Engel nicht in weißen Gewändern, und trugen sie nicht einen Heiligenschein? Im Gegensatz dazu war ihre Dame in Grau tüchtig, resolut und distanziert gewesen und hatte die Situation vollkommen beherrscht. »Sie gab ruhig ihre Anweisungen, sie betete ruhig, und nachdem sie ihre Mission beendet hatte, verschwand sie ruhig«, erzählt Jean. »Sie war der unengelhafteste Geist, den ich mir vorstellen könnte.«

Und dennoch . . . wer konnte die wunderbare Heilung in Zweifel ziehen, die stattgefunden hatte? Und hatte es nicht während der ganzen Zeit tröstende Zeichen gegeben, Hinweise darauf, daß sie und John in dieser Prüfung nicht allein standen . . . Hatte sie nicht sogar jene »zweite Stimme« gehört, die sie beruhigte? »Ich glaube, viele Menschen erleben diese besonderen Berührungen«, sagt Jean, »aber wir befürchten, daß andere sich über uns lustig machen werden, wenn wir von ihnen erzählen. Doch ich war dabei, ich sah die Veränderung an John, und heute betrachte ich das Leben als ein liebevolles Geschenk.«

Und Jean wird auch niemals das inständige Gebet vergessen, das sie auf dem Höhepunkt der Krankheit flüsterte: »Bitte, Gott, laß ihn leben . . . Ich brauche ihn . . . Ich liebe ihn . . . schick mir ein Wunder . . .«

Und Gott schickte das Wunder – und eine Botschafterin, die es überbrachte.

Rettung auf den Gleisen

Erst, wenn sie zum Himmel hinauffliegen,
geben die Engel sich dir zu erkennen.

ROBERT BROWNING, »PARACELSUS«, TEIL V

Carol Toussaint fuhr in ihrem großen Kombiwagen durch Arlington Heighst, Illinois. Es war etwa fünf Uhr nachmittags an einem heißen Wochentag im Sommer. Sie war auf dem Weg, ihren Sohn von der Gitarrenstunde abzuholen, und ihre beiden anderen Kinder, Katie und Dave, saßen auf dem Rücksitz. Sie hätte schon längst mit dem Abendessen beginnen sollen, und sie wollte daher so schnell wie möglich nach Hause kommen.

Die Ampel zeigte Grün. Carol bog nach links vom Highway ab und fuhr eine kleine Steigung hinauf und auf die Eisenbahnschienen zu, die hier das Stadtgebiet durchschneiden. Doch bevor sie die Kreuzung überquert hatte, erstarb plötzlich der Motor des Wagens. Sie blockierte mehrere Fahrspuren gleichzeitig, während die Vorderräder des Autos in den Rillen des Gleises feststeckten.

Immer wieder versuchte Carol, den Motor anzulassen, aber die Zündung funktionierte nicht. Die Ampel sprang wieder auf Grün, mehrere Autos begannen zu hupen, Bremsen kreischten, als einige während dieses abendlichen Stoßverkehrs versuchten, sie zu umfahren, ohne mit jemandem zusammenzustoßen. Dave und Katie wurde es heiß, sie fühlten sich eingeengt, spürten die Verzweiflung ihrer Mutter und begannen zu jammern. Es war der schlimmste Alptraum eines jeden Autofahrers.

Plötzlich schlenderte ein junger Mann in weißem Hemd und mit Krawatte auf Carols offenes Fenster zu. Dave, der damals erst fünf Jahre alt war, glaubt, daß er aus einem kleinen braunen Auto ausstieg, bevor er zu ihnen herüberkam.

»Wissen Sie, daß Sie hier in Gefahr sind?« fragte der Mann leise und machte dabei einen völlig ruhigen Eindruck – mitten im schnell vorüberbrausenden Verkehr.

»Das bin ich ganz sicher«, antwortete Carol. »Mein Mann wird mich umbringen, weil ich zu spät komme und das Abendessen nicht fertig ist – wenn es nicht einer von diesen Autofahrern hier vorher tut . . .«

»Nein, das meine ich nicht«, sagte der junge Mann. »In etwa einer halben Minute kommt hier ein Zug vorbei. Ich werde Ihren Wagen beiseite schieben müssen.«

Carol hatte ganz vergessen, daß zu dieser Tageszeit die Vorortszüge in regelmäßigen Abständen über die Kreuzung donnerten. Manchmal hielten sie, manchmal nicht. Und jetzt bemerkte sie auch mehrere Personen, die einen oder zwei Häuserblocks weiter auf dem Bahnhof warteten. Doch selbst wenn der nächste Zug halten mußte: er würde unvermeidlich mit ihr zusammenstoßen – an dieser Stelle war seine Geschwindigkeit immer noch groß!

Carol ist sich nicht sicher, was sie als nächstes tat – sie war in solcher Panik, daß sie sich nicht mehr erinnern kann. Aber sie wird niemals die Reaktion des ernsthaften jungen Mannes vergessen. Lässig ging er zur Kühlerseite ihres Autos und gab ihm mit der Hand einen kleinen Stoß. Die Reifen des riesigen Kombiwagens lösten sich aus den Rillen der Schienen, und als die Schranken herunterkamen und die Warnglocken läuteten, rollte er über das Gleis die kleine Steigung hinab, wo er wieder zum Halten kam.

Unmittelbar darauf donnerte der Zug vorbei. Wie betäubt erkannte Carol, daß sie und ihre Kinder ohne die Hilfe des jungen Mannes getötet worden wären. Aber wo war er? Wie konnte er in dieser übersichtlichen Gegend verschwunden sein, ohne daß sie das gesehen hatte?

Mittlerweile näherten sich mehrere Passanten und Bahnreisende Carols Auto. »Brauchen Sie Hilfe, gnädige Frau?« fragten sie. »Sollen wir vielleicht das Auto über die Straße zur Tankstelle schieben . . .?«

Seltsam, dachte Carol. Niemand lief umher oder war irgendwie aufgeregt. Sie verhielten sich alle so, als sei ihr Auto dort stehengeblieben, wo es *jetzt* stand. Niemand schien zu realisieren, daß sie und ihre Kinder soeben gerettet worden waren. Hatte denn niemand ihre Notlage oder den jungen Mann bemerkt?

Aber ihre Kinder hatten ihn gesehen. »Wer war der Mann, der uns angeschoben hat, Mami?« fragte Dave vom Rücksitz aus. »Wo ist er hingegegangen?« Wenn der Mann tatsächlich in dem kleinen braunen Auto gekommen war, dann war er irgendwie verschwunden – obwohl der Verkehr immer noch um sie herum brauste.

»Ich habe keine Ahnung, Dave«, sagte Carol verwundert. Es war alles ohne Zweifel sehr mysteriös. Und es sollte noch mehrere Tage dauern, bis ihr nach einigem Nachdenken klar wurde, was geschehen war.

Einer der Bahnreisenden stand in der Mitte der Kreuzung und dirigierte den Verkehr um den Schauplatz herum, während andere losliefen, um bei der Tankstelle Bescheid zu sagen. Dann schoben einige Automechaniker und Passanten Carols Wagen den Rest der Steigung bis zur Werkstatt hinunter.

Der Mann in dem weißen Hemd hatte das große Fahrzeug mit einer Hand aus der Schiene befreit – und nun brauchte es acht Leute, um es über den Highway zu schieben.

An diesem Abend bekam Carols Mann sein Essen nicht rechtzeitig; dafür erhielt er ein sehr viel größeres Geschenk.

Auf einer Welle von Licht

Da erhörte Gott die Stimme des Knaben.
Und der Engel Gottes rief vom Himmel der Hagar und sprach zu ihr: Was ist dir, Hagar? Fürchte dich nicht; denn Gott hat erhört die Stimme des Knaben, da er liegt.

1. Mose 21,17

1949 kauften Norma und Phil Smith ihr erstes Haus. Es war ein Zweifamilienhaus mit einem großen Dachgeschoß. Obwohl die Smiths mehrere Kinder hatten, vermieteten sie dieses Dachgeschoß an die Taylors und ihre zwei Kinder. Norma mochte vor allem die Tochter, Margaret. Die beiden Familien kamen gut miteinander aus, und die Kinder der Taylors freuten sich unbändig, als sie die Pateneltern des kleinen Tommy Smith wurden.

Aber irgend etwas stimmte nicht mit Margaret. Sie ging nicht mehr zur Schule, sondern blieb zu Hause. Im Frühling jenes Jahres, als ein Priester aus Normas Gemeinde vorbeikam, um etwas mit einem der Smith-Kinder zu besprechen, erzählte ihm Norma von Margaret. »Ich mache mir Sorgen um sie«, sagte sie. »Sie geht niemals aus, und in der Wohnung da oben stimmt etwas nicht.«

»Ist Margarets Mutter nicht zu Hause?« fragte der Priester.

»Nein, sie arbeitet in einem Kaufhaus«, erzählte ihm Norma. Erst später fiel ihr ein, daß Mrs. Taylor dort nicht mehr beschäftigt war. Man hatte sie wegen »ungebührlichen Verhaltens« entlassen.

Der Priester ging nach oben, bemerkte jedoch nichts Ungewöhnliches. Norma, die mit ihrer großen Familie alle Hände voll zu tun hatte, dachte nicht länger darüber nach.

Nur wenige Monate später, am 14. Juni, verschwand der drei Jahre alte Tommy Smith. Die vier älteren Smith-Kinder befanden sich in der Schule, und Norma sowie die beiden Kleinen waren zu Hause. Norma erwartete gerade ihr achtes Kind. Als sie Tommy nirgends finden konnte, benachrichtigte sie die Polizei.

Kurz darauf rief eine Verwandte der Taylors an und erzählte Norma, sie habe Tommy in das obere Stockwerk gehen sehen und sie solle doch hinaufgehen und nachschauen. Mit Hilfe ihres Nachschlüssels verschaffte Norma sich Eintritt und fand Tommy: Mrs. Taylor hatte ihn in einer Wanne ertränkt. Die Smiths erkannten zu spät, daß die Taylors versucht hatten, ihre geisteskranke Mutter allein zu versorgen; das war offensichtlich auch der Grund gewesen, weshalb Margaret sich so oft zu Hause aufhielt.

Wie wird jemand mit einer solchen Tragödie fertig? Wie überlebt man sie? Wenn Norma ihre Verzeiflung während der nächsten Monate beschreibt: Wer von uns kann ihr Leiden ermessen? Die Presse berichtete in allen Einzelheiten von dem Mord. Die Kinder der Smiths waren zunächst der Neugierde ihrer Klassenkameraden ausgesetzt und wurden dann zu verschiedenen Verwandten geschickt, um sich dort zu erholen; die meisten von ihnen litten unter Alpträumen oder entwickelten andere Ängste. Phil Smith war nicht länger fähig, seine Arbeit zu tun; er verlor seine Stellung und flüchtete sich erst in Beruhigungsmittel, später in den Alkohol, um seinen Schmerz zu betäuben. Die dreiunddreißig Jahre alte Norma trauerte.

»Ich war nicht arbeitsunfähig«, sagt sie heute. »Schließlich waren da sechs Kinder und ein instabiler Ehemann zu versorgen, und ich erwartete ein weiteres Kind. Und die Nachbarn waren sehr hilfsbereit.« Aber sie befand sich gleichsam in einem tiefen, schwarzen Loch, aus dem es kein Entrinnen zu geben schien. Und obwohl die Taylors schließlich fortzogen, wollte ihre Wunde einfach nicht verheilen. Sie begann zu glauben, sie würde auf immer trauern müssen.

Am 1. November, den die Katholiken als Allerheiligen begehen, besuchte Norma allein die Abendmesse. Sie genoß das ungewohnte Alleinsein; doch vier Wochen vor dem Zeitpunkt ihrer Niederkunft war sie nicht nur zutiefst niedergeschlagen, sondern auch körperlich erschöpft. Ohne daß sie es wollte, kehrten ihre Gedanken wieder zum kleinen Tommy zurück. Wie sehr sie ihn vermißte! Warum war dieses Furchtbare geschehen – den Taylors ebenso wie ihrer eigenen Familie? Ja, sie hatte oft gebetet, und sie wußte, daß Gottes Kraft sie aufrecht hielt. Aber wie lange noch würde sie durchhalten können? Gerade jetzt fühlte sie sich, als könne sie keinen weiteren Schritt mehr tun ... *Oh, Tommy – wenn ich doch nur wüßte, daß du in Ordnung bist*, dachte sie.

Plötzlich erleuchtete ein blendend helles Licht das Innere der Kirche. War es ein Blitz? Aber nein – als würden ihr die Worte in ihre Seele gebrannt, hörte Norma die Botschaft: *Mutter, mach dir keine Sorgen. Alles wird in Ordnung kommen.*

»Es waren keine hörbaren Worte. Ich sah niemanden und hörte auch keine Kinderstimme; aber ich wußte: es war Tommy, der zu mir sprach«, erzählt Norma. »Es war fast wie eine Bluttransfusion, etwas, das völlig in mich eindrang und ein Teil von mir wurde. Und sofort fühlte ich eine ekstatische Freude.«

Mit Augen voller Freudentränen schaute Norma sich um. Hatten auch andere den strahlenden Blitz gesehen? Aber die Menschen verhielten sich wie üblich; sie lasen oder beteten oder waren mit ihren Gedanken beschäftigt. Niemand hatte irgend etwas Außergewöhnliches bemerkt, und Norma war darüber nicht verwundert. Irgendwie hatte sie vom ersten Moment an gewußt, daß die Worte des Trostes, das Licht und die unglaubliche Freude nur für sie bestimmt gewesen waren.

Äußerlich hatte sich nichts verändert. Norma war nach wie

vor eine überarbeitete werdende Mutter. Doch während der nächsten Wochen schien sie wie in Freude eingetaucht zu sein. Selbst nachdem ihr Mann wieder Arbeit gefunden hatte und ihr neues Kind, Faith, glücklich und gesund auf die Welt gekommen war, konnte sie ihrer Familie nicht von ihrem Erlebnis berichten, ohne zu hören, daß sie vermutlich wegen der schrecklichen Erlebnisse halluziniert hatte.

Normas Leben war niemals wieder so wie vorher. »Ich fragte einmal einen Experten, was der Unterschied zwischen einer Halluzination und einer Vision sei. Er sagte mir, eine Vision führe zu Erkenntnis und Erfüllung. Das war meine Erfahrung«, meint sie. Im Lauf der Jahre durchlebte sie noch schwierige Zeiten mit ihren anderen Kindern, aber sie hielt an der Zusicherung fest, die sie an Allerheiligen erhalten hatte: an dem Glauben, daß ihr kleiner Sohn im Himmel ihr – möglicherweise durch die Macht eines Engels – eine Botschaft der Hoffnung gesandt hatte.

Und sie hat die Gnade erlebt, daß nach und nach all ihre Probleme gelöst wurden. In der Tat, es ist »alles in Ordnung gekommen«.

Geflügelte Krieger

Ein Engel ist ein Geisteswesen, geschaffen von Gott ohne einen Leib, zum Dienst an der Christenheit und der Kirche.

MARTIN LUTHER, »TISCHGESPRÄCHE«

Die Einwohner eines kleinen Dorfes hatten inständig darum gebetet, von dem Blutvergießen und dem Elend, die der in ihrem Lande tobende Krieg mit sich brachte, verschont zu werden. Aber eines Nachts umschloß ein Heer das Dorf, um es einzunehmen. Als die Menschen am nächsten Morgen hinaussahen, erblickten sie die Soldaten und fürchteten sich. »Wir werden alle getötet werden«, sagten sie zueinander voller Angst.

Einer von ihnen jedoch, ein junger Mann, der häufig das Abendgebet leitete, schien unbesorgt zu sein. »Wir müssen uns nicht fürchten«, sagte er zu seinen Freunden. »Schließlich ist unser Heer größer als das ihre.«

»Aber wir haben gar kein Heer!« riefen die Dorfbewohner.

Der junge Mann betete: »Herr, öffne ihnen die Augen.«

Und plötzlich sahen die Dorfbewohner *noch* ein Heer – Soldaten waren überall auf den Bergen, kampfbereit in einem himmlischen Licht leuchtend.

Auch die feindlichen Soldaten sahen sie; innerhalb weniger Minuten lösten sich ihre Reihen auf, und sie rannten davon. Von dieser Zeit an wurde das Dorf in Ruhe gelassen.

Diese aufregende Geschichte steht in der Bibel; sie wird im 2. Buch der Könige berichtet (6,15–17). Doch auch in unseren Zeiten haben sich viele solche Geschichten zugetragen, von denen vor allem Missionare betroffen waren.

Corrie ten Boom erzählte gern eine Begebenheit aus der Zeit der Jeunesse-Rebellion im Kongo, als die Rebellen sich einer Schule näherten, in der sich zweihundert Kinder und mehrere Missionare aufhielten. »Sie hatten vor, alle Kinder und Lehrer zu töten«, schreibt sie. »In der Schule wußte man von der Gefahr und begann zu beten. Der einzige Schutz waren ein Zaun und eine Handvoll Soldaten, während der Feind, der immer näher kam, mehrere hundert Mann stark war.«

Als die Rebellen ganz nahe waren, geschah plötzlich etwas Seltsames: Sie kehrten um und rannten fort! Das gleiche passierte am nächsten und übernächsten Tag.

Einer der Rebellen wurde verwundet und ins Missionskrankenhaus gebracht. Während der Arzt seine Wunden verband, fragte er ihn: »Warum seid ihr nicht wie geplant in die Schule eingedrungen?«

»Das konnten wir nicht«, sagte der Soldat. »Wir sahen Hunderte von Soldaten in weißen Uniformen, und wir bekamen Angst.«

»In Afrika«, erläutert Corrie, »tragen Soldaten niemals weiße Uniformen. Also müssen es Engel gewesen sein. Wie wundervoll, daß der Herr die Augen des Feindes öffnen kann, so daß dieser Engel sieht!«

Reverend John G. Paton war Missionar auf den Neuen Hebriden im Südwestpazifik. Eines Nachts umringten feindselige Eingeborene sein Hauptquartier in der Absicht, die Patons auszuräuchern und sie zu töten. John Paton und seine Frau waren allein und wehrlos, und sie beteten die ganze Nacht zu Gott um Rettung. Als der Morgen kam, sahen sie zu ihrem Erstaunen, daß die Angreifer sich entfernten!

Schließlich nahm der Häuptling des Stammes den christlichen Glauben an, und Reverend Paton fragte ihn, was ihn und seine Männer daran gehindert hatte, in jener Nacht das Haus der Patons anzuzünden.

Der Häuptling erklärte, er habe viele Männer auf Wache

stehen sehen – Hunderte Soldaten in leuchtenden Gewändern und mit gezogenen Schwertern in den Händen. Sie schienen die Missionsstation zu umringen, und die Eingeborenen fürchteten sich anzugreifen. Erst da erkannte John Paton, daß Gott ihm Engel geschickt hatte, um ihn zu beschützen.

Ein anderer Geistlicher befand sich auf dem Weg zu mehreren Familien, die in einem abgelegenen Tal in Norwegen lebten. Dabei mußte er einen gefährlichen Bergpfad hinabsteigen. An einer schlüpfrigen und steilen Stelle machte er eine Pause und betete um den Beistand der Engel. Schließlich kam er sicher unten im Tal an.

In der ersten Hütte traf er ein Ehepaar, das – wie er feststellte – seinen gefährlichen Abstieg auf dem Bergpfad beobachtet hatte. »Was ist aus Ihrem Begleiter geworden?« war die erste Frage der beiden, nachdem sie den Missionar begrüßt hatten.

»Welcher Begleiter?« fragte der Missionar.

»Der Mann, der bei Ihnen war.«

»Aber es war niemand bei mir. Ich reise allein.«

»Ist das möglich?« riefen die beiden überrascht aus. »Wir haben Sie beobachtet, als sie herunterkamen, und wir waren sicher, daß Sie den Berg zu zweit überquerten.«

Irgendwann um 1950 gingen zwei Missionare namens Egbert und Hattie Dyk nach Tseltal, einem Indianerdorf in der Nähe von Santo Domingo. Mit einer Ausnahme bekannten sich schließlich alle Dorfbewohner zum christlichen Glauben. Da sie jedoch unter der Verfolgung durch benachbarte Dörfer zu leiden hatten, verließen sie alle das Dorf, marschierten einen Tag lang und errichteten an einem anderen Ort eine christliche Gemeinschaft. Die Dyks verließen irgendwann diese Siedlung; aber der Missionar, der nach ihnen kam, berichtete ihnen, was sich später zutrug.

In dieser Gegend wohnte ein Mann namens Domingo

Hernandez, der seine christlichen Nachbarn haßte. Er war entschlossen, ihre Siedlung niederzubrennen und alle Einwohner abzuschlachten. Eines Nachts versammelte er die Mitbewohner seines Dorfes um sich, ließ Pechfackeln und Boote vorbereiten und führte sie heimlich den Hügel hinab und über den Fluß.

Aber bevor sie eine Möglichkeit zum Angreifen fanden, sahen sie ein helles Licht aus dem Fenster eines jeden Hauses im christlichen Dorf scheinen. Dann erstrahlte ein seltsames Leuchten über der gesamten Gegend.

Domingo Hernandez und seine Männer fürchteten sich deswegen so sehr, daß sie sich umwandten und in wilder Flucht den Hügel hinunterrannten; sie sprangen in den Fluß, schwammen hinüber und liefen klitschnaß den Kilometer bis zu ihrem Dorf zurück.

Am nächsten Morgen, als die Frauen aus Hernandez' Dorf ihre Wäsche im Fluß wuschen, riefen sie zu den christlichen Frauen auf der anderen Seite hinüber: »Was waren das letzte Nacht für seltsame Lichter in euren Hütten?« fragten sie.

»Was für Lichter?« antworteten die christlichen Frauen. »Bei uns brannten keine Lichter. Wir haben alle geschlafen.«

Und schließlich ist da die Geschichte einer Krankenschwester, Mitglied einer evangelischen Schwesternschaft, die 1945 in Danzig Dienst tat, nachdem die russischen Truppen zahlreiche ostdeutsche Städte überrannt hatten. Viele Frauen wurden vergewaltigt, und die Nächte waren voller Angst und Schrecken. Die Schwestern versammelten so viele Frauen und Kinder wie möglich und fanden in einer kleinen, behelfsmäßigen Schule vorübergehend Unterkunft. Oft arbeiteten sie während der Nacht – weil es keinen Strom gab, bei Kerzenlicht. Da die Schule das einzige beleuchtete Gebäude war, liefen auch sie Gefahr, von den Russen überfallen zu werden. Dennoch nannten die Menschen das Gebäude »die Insel des Friedens«, weil dort niemals etwas Schlimmes zu passieren schien. Allmählich wurde deshalb der Zustrom der Schutzsuchenden immer stärker.

Eines Tages brachte eine Frau ihre Kinder und bat die Schwestern, sie aufzunehmen. Diese Kinder waren völlig weltlich erzogen worden und hatten noch niemals jemanden beten gesehen. An jenem Abend, als alle Bewohner einen Bittgottesdienst abhielten, starrte der neue Junge – anstatt wie alle anderen seine Hände zu falten – mit weit geöffneten Augen in die Ferne. Die Gemeinde sang ein bekanntes Lied, in dem sie Gott bat, Engel zu senden und »goldene Waffen um unsere Betten« zu stellen.

»Als wir ›Amen‹ sagten, kam der Junge zu mir und zog mich aus der Schule heraus«, berichtete die Krankenschwester. »Er tippte sich immer wieder auf die Brust und sagte: ›Bis hier. Die Dachrinne reichte ihnen bis hierhin.‹«

Die Schwester fragte ihn, was er meine. Er zeigte zur Dachrinne am Haus hinauf und wiederholte seinen Satz. »Die Dachrinne reichte ihnen bis hierhin!«

»Was meinst du?« fragte ihn die Schwester.

Das Kind erzählte ihr, daß es – während alle anderen sangen – an jeder Ecke des Gebäudes einen Mann gesehen habe, der in einem hellen Licht erstrahlte. Die Männer waren so groß, daß sie über das Dach hinausragten.

»Jetzt wurde mir klar«, berichtete die Krankenschwester, »warum dieses Haus ›die Insel des Friedens‹ genannt werden konnte.«

Begleiter im Sturm

Sind die Engel nicht allzumal dienstbare Geister,
ausgesandt zum Dienst um derer willen,
die ererben sollen die Seligkeit?

HEBRÄER, 1,14

Es war zwei Uhr an einem Aprilnachmittag im Jahr 1974 in Louisville, Kentucky. Lynne Coates und ihr Ehemann Glynn saßen auf den Stufen ihrer Veranda und genossen eine Pause in ihrer Arbeit. Ihre älteren Söhne würden bald von der Schule nach Hause kommen und ihr Jüngster, Collyn, noch bis etwa fünf Uhr im Kindergarten des Southern Baptist Theological bleiben.

Behaglich unterhielten sich die beiden eine Weile; obwohl es ein ruhiger Frühlingstag war, zogen dünne Wolkenreihen über den Himmel.

Glynn runzelte die Stirn. »Schau dir das an; das letzte Mal, als ich so einen Himmel gesehen habe, war ich zwölf und erlebte einen Tornado.«

Louisville gehörte zur sogenannten »Tornado-Straße« des Mittleren Westens, und vor allem im Frühling warnte der Rundfunk immer wieder vor Tornados. »Ich glaube, wir waren alle, was Tornados betraf, ein wenig überheblich geworden«, räumt Lynne heute ein. »Ich erwartete jedenfalls nicht, einen zu erleben.«

Aber der Himmel wurde immer dunkler, der Wind nahm an Stärke zu, und Lynne begann unruhig zu werden. Die beiden älteren Söhne der Coates kamen nach Hause, und als die Warnsirenen einsetzten, bereitete Lynne den Umzug in den Keller vor. Glynn jedoch holte seine Kamera. »Wenn ich hoch genug klettere«, sagte er zu Lynne, während er in den Baum in ihrem Vorgarten stieg, »müßte ich ein paar großartige Photos machen können.«

»Bist du verrückt?« schrie Lynne gegen den schnell anschwellenden Wind. »Ich hab' gerade im Radio gehört, daß Brandenburg dem Erdboden gleich ist. Geh in den Keller. Das ist kein Spiel!«

Die Familie drängte sich im Keller zusammen und lauschte auf das Donnern, das klang wie ein Zug, der auf das Haus zuraste, und später auf den Regen. Alle dachten sie an Collyn. War er in Sicherheit? Warum hatten sie ihn nur nicht abgeholt? Aber wer hätte auch damit gerechnet, daß es diesmal wirklich einen Tornado geben würde?

In wenigen Minuten war der Sturm vorüber, und die Familie stieg wieder aus dem Keller. Abgesehen von ein paar Trümmern und unterbrochenen Stromleitungen schien ihre Gegend relativ gut davongekommen zu sein. »Ich fahr' zum Seminar hinüber und hole Collyn«, sagte Glynn und fuhr sofort los; sie alle würden sich besser fühlen, wenn ihr Jüngster wieder bei ihnen wäre.

Lynne versammelte die älteren Jungen um sich, und gemeinsam dankten sie Gott, weil er sie sicher durch den Sturm gebracht hatte. Dann fanden sie ein tragbares Radio und schalteten es ein.

Sie lauschten dem Bericht über die angerichteten Schäden. Und dann hörten sie, daß der Tornado direkt über das Seminar hinweggebraust war. Eines der Gebäude war abgedeckt worden.

»O mein Gott, Collyn!« rief Lynne aus und lief zum Telephon. Sie wählte die Nummer von Collyns Kindergarten, aber alles, was sie hörte, war das Knacken und Rauschen, das auftritt, wenn eine Leitung gestört ist. Wenn der Tornado tatsächlich in die Richtung weitergezogen war, erkannte sie, mußte es dort beträchtliche Schäden geben. Möglicherweise waren alle Telephonleitungen unterbrochen. Aber sie mußte einfach wissen, ob Collyn in Ordnung war! Und wo blieb nur Glynn? Eine dunkle Vorahnung breitete sich in ihr aus. Das Seminar war nur fünfzehn Autominuten entfernt, Glynn hätte längst zurück sein müssen.

Lynne konnte nicht wissen, daß Glynns Weg ihn mitten in die Verwüstungen führte. Was fünfzehn Minuten hätte dauern sollen, wurde schließlich zu einer Reise von zwei Stunden. Er suchte sich einen Weg zwischen entwurzelten Bäumen, Rettungsfahrzeugen, herabgerissenen Leitungen, eingefallenen Häusern und – was vielleicht das Schlimmste war – Menschen, die wie in Trance durch die Straßen gingen. Der Sturm hatte einen 1200 Hektar großen Park voller alter Bäume in der Nähe des Seminars praktisch zerstört, und Glynn mußte mehrere Häuserblocks von Collyns Gebäude entfernt parken. Es gab keine Möglichkeit, durch die angerichtete Verwüstung zu fahren.

Zu Hause versuchte Lynne immer wieder, den Kindergarten anzurufen, aber sie kam einfach nicht durch. Statt dessen hörte sie nur ein Klicken, dann war die Leitung wieder stumm. Sie wurde immer unruhiger, und beide Kinder begannen zu weinen. *Gott,* betete sie, *ich halte es nicht länger aus. Du bist der einzige, der uns helfen kann. Bitte, wache über Collyn und die anderen Kinder und lasse sie in Sicherheit sein.*

Wieder versuchte sie anzurufen. Nach einigen Sekunden meldete sich die freundliche, ruhige Stimme einer Frau. »Machen Sie sich keine Sorgen«, sagte sie auf Lynnes verzweifelte Fragen hin. »Den Kindern geht es gut. Sie wurden vor dem Sturm in ein anderes Gebäude gebracht. Die Lehrer bleiben bei ihnen, bis ihre Eltern sie abgeholt haben.«

Lynne legte auf, und sie und die Jungen jubelten vor Freude. Collyn war in Sicherheit! Jetzt mußten sie nur noch warten.

Über zwei Stunden später kamen Glynn und Collyn zurück. Glynn erzählte Lynne, daß er an der Tür von Collyns

Kindergarten eine Nachricht gefunden habe, wo die Eltern ihre Kinder abholen konnten. Er war zu dem Gebäude hinübergegangen und hatte Collyn dort wohlbehalten gefunden. Alles, woran Collyn sich erinnern konnte, war, daß der Tornado eine Wetterfahne auf dem Dach eines der Gebäude geknickt hatte.

Am ersten Schultag nach dem Sturm begleitete Lynne Collyn bis in sein Klassenzimmer. Sie wollte den Namen der Frau erfragen, die ihr am Telephon die Angst genommen hatte. »Ich möchte ihr danken«, sagte sie zu Collyns Lehrerin.

Diese schaute Lynne erstaunt an. »Aber sie können mit niemandem gesprochen haben«, sagte sie.

»O doch«, entgegnete Lynne. »Sie können meine beiden älteren Jungen fragen. Ich machte mir große Sorgen, bis diese Frau mir versicherte, daß Collyn in Sicherheit ist.«

»Mrs. Coates, das ist ganz unmöglich«, wiederholte die Lehrerin. »Wir hinterließen eine Nachricht an der Tür, schlossen das Gebäude ab und brachten die Kinder fort, bevor der Tornado kam. Es war niemand in dem Gebäude.

Und außerdem: Unsere Telephonleitungen waren alle unterbrochen. Niemand kann durchgekommen sein – oder mit irgend jemandem gesprochen haben.«

Man hat Engel unsere »Begleiter im Sturm« genannt; die Coates wissen auf eine ganz besondere Art und Weise, was dieses herrliche Versprechen bedeutet.

Die Engel und der Priester

Mache dich vertraut mit den Engeln und betrachte sie oft im Geiste; denn ohne gesehen zu werden, sind sie doch gegenwärtig bei dir.

FRANZ VON SALES

Padre Pio, 1887 als Kind einfacher Bauern in Pietrelcina, Italien, geboren, war ein Mönch, der – wie der Gründer seines Ordens, der heilige Franz – die Stigmata, die Wundmale Christi, an Händen, Füßen und Brust trug. Trotz seiner zarten Gesundheit widmete er sein Leben der Einrichtung von Heimen für Kranke, Behinderte und Alte.

Padre Pio hatte eine besonders interessante Beziehung zu Engeln. Es heißt, er »begegnete« seinem eigenen Schutzengel als Jugendlicher und erhielt gelegentlich Ratschläge von ihm; später kommunizierten die beiden in Gebeten und humorvollen Gesprächen. Gelegentlich konnte Padre Pio nach Aussagen von Zeugen Sprachen lesen und sprechen, die ihm unbekannt waren. Als er befragt wurde, wie er dies bewerkstellige, sagte er, sein Schutzengel übersetze sie ihm. Einmal hörten einige seiner Klosterbrüder Stimmen eines himmlischen Gesangs, konnten die Quelle der Musik jedoch nicht entdecken. Padre Pio erklärte, die Stimmen seien die von Engeln, die Seelen in den Himmel begleiteten.

Padre Pio schickte seinen Engel oft zu Menschen, die Hilfe benötigten. Pater Alessio Parente, zum Beispiel, wurde damit beauftragt, jeden Tag den kränkelnden Mönch von der Kapelle in seine Mönchszelle zu begleiten. Aber Pater Parente hatte die Angewohnheit zu verschlafen. Oft hörte er seinen Wecker nicht oder schaltete ihn im Halbschlaf wieder aus. »Jedesmal, wenn ich verschlief«, erzählt er, »hörte ich im Schlaf eine Stimme, die sagte: ›Alessio, Alessio, komm herunter!‹, und ein Klopfen an meiner Tür. Wenn ich dann eilig aus dem Bett sprang und in den Flur lief, um zu sehen, wer mich rief, war da niemand. Dann eilte ich hinunter zur Kirche und fand dort jedesmal Padre Pio, der gerade zum Ende der Messe den Segen erteilte.

Eines Tages saß ich bei Padre Pio und schämte mich meiner Unpünktlichkeit. Ich versuchte, ihm klarzumachen, daß ich den Wecker niemals zu hören schien, aber er unterbrach mich. ›Ja, ich verstehe dich‹, sagte er. ›Aber glaubst du, ich werde dir weiterhin jeden Tag meinen Schutzengel schicken, um dich zu wecken? Du solltest dir lieber einen neuen Wekker kaufen.‹

Erst da erkannte ich, wer immer an meine Tür klopfte und mich weckte.«

Padre Pio glaubte, daß man seinen Engel zu anderen Menschen schicken kann, damit er ihnen hilft oder für sie eingreift. Er forderte seine vielen Freunde auf, ihre Engel zu ihm zu schicken, wenn sie nicht selbst kommen konnten. »Euer Engel kann euch eine Botschaft von mir überbringen«, sagte er oft; »und ich werde euch beistehen, so gut ich kann.«

Eines Tages wurde Cecil, ein englischer Freund des Padre, bei einem Verkehrsunfall verletzt. Einer seiner Freunde ging zum Postamt, um ein Telegramm an Padre Pio aufzugeben, in dem er ihn bat, für das Unfallopfer zu beten. Als er sein Telegramm am Schalter vorlegte, übergab ihm der Schalterbeamte ein Telegramm von Padre Pio, in dem er bereits versprach, für Cecil zu beten. Später, nachdem Cecil wieder gesund war, besuchten er und sein Freund Padre Pio. »Wie konntest du von dem Unfall wissen«, fragten sie ihn. »Wir bekamen dein Telegramm, bevor wir unseres abgeschickt hatten.«

»Glaubt ihr, Engel reisen so langsam wie Flugzeuge?« antwortete der Mönch lächelnd.

Ein anderes Mal schickte ein italienisches Mädchen, das von dem heiligen Padre gehört hatte, ihren Engel, um für ihren Onkel Fred um Gesundheit zu bitten. Das Mädchen beschloß später, Padre Pio zu besuchen. Als sie sich ihm näherte, sagte er scherzend zu ihr: »Dein Engel hat mich die ganze Nacht wach gehalten, als er mich um Heilung für deinen Onkel Fred bat!«

Die Mutter eines schwerkranken Säuglings schickte ebenfalls den Engel des Kindes zu Padre Pio, um ihn um Gebete für das Kind zu bitten. Unmittelbar darauf sah sie, wie ihr Säugling zu zittern begann, als ob ihn etwas berührt hätte. Obwohl die Ärzte vor einem Rätsel standen, erholte sich das Kind schnell und wurde bald darauf aus der Intensivstation entlassen.

»Wenn man den Menschen diese Geschichten erzählt«, sagt Pater Parente, »ist der Kommentar oft derselbe: ›Nun gut, Padre Pio war ein sehr heiliger Mann, nicht wahr?‹ oder: ›Ich bin nur ein armer Sünder – warum sollte ein Engel irgend etwas tun, das mir hilft?‹ Nun, es stimmt, Padre Pio war ein sehr heiliger Mann; doch ich glaube, daß unsere Engel sich für jeden von uns bemühen – wenn wir nur den Glauben haben.«

Als Padre Pio am 22. September 1968 starb, sahen mehrere amerikanische Touristen in Italien Engel am Nachthimmel ... Engel, die ruhig in der aufgehenden Sonne verschwanden.

Himmlische Fingerzeige

Freundliche Seelen bewachen uns still,
Rücken näher an unsere Seite;
In unsere Gedanken, in unsere Gebete
Dringen sie ein mit sanfter Hilfe.

HARRIET BEECHER STOWE, »DIE ANDERE WELT«

Engel scheinen uns auch mit Hinweisen zu helfen. Nehmen wir einmal die neunzehnjährige Charlotte, vor einigen Jahren Studentin am Pacific Union College in Angwin, einer kleinen Stadt, etwa 120 Kilometer nördlich von San Francisco. Charlotte hatte eine Teilzeitbeschäftigung als Hausmädchen in einer etwas weiter entfernten Stadt gefunden und fuhr mit dem Bus dorthin und wieder zurück – dankbar für das kleine Nebeneinkommen, das es ihr erleichterte, ihr Studium und andere Ausgaben zu bestreiten.

Eines Nachts machte sie sich müde und ein wenig unaufmerksam auf den Rückweg nach Angwin – und bestieg den verkehrten Bus. Als sie ihren Fehler bemerkte, war es zu spät, um auszusteigen. Schließlich bog das große Fahrzeug in einen belebten Busbahnhof in San Francisco ein.

Charlotte war verängstigt. Sie war nicht nur – spät in der Nacht – am verkehrten Ort, sondern auch umringt von Fremden. Einige Seeleute, erst vor kurzem von See zurückgekehrt, beobachteten sie. Ein Betrunkener versuchte, ein Gespräch mit ihr anzufangen. Schnell ging sie weiter.

Aber wohin sollte sie gehen? Wie sollte sie einen Bus nach Angwin, diese kleine, unbekannte Stadt finden – in diesem riesigen Gebäude mit seinen verwirrenden Unterführungen?

Charlotte, die sich in der großen Stadt fremd fühlte, schaute sich nach jemandem um, der ihr hätte helfen können, aber auf diesem Bahnsteig war keine andere Frau. Auch war kein Polizist in Sicht. Am Informationsschalter hing ein Schild:

WÄHREND DER NACHT GESCHLOSSEN.

Sie sah nur fremde Männer, abgerissene Gestalten, die in den Schatten hin und her gingen.

Dann erinnerte sie sich, daß der Frauendekan an ihrem College darauf bestanden hatte, daß alle Studenten den 34. Psalm auswendig lernten: »Der Engel des Herrn lagert sich um die her, so Ihn fürchten, und hilft ihnen aus.«

»Man weiß nie«, hatte der Dekan gesagt, »wann man ihn benötigt.«

Schnell suchte Charlotte eine Toilette auf, ging hinein, schloß die Tür hinter sich und fiel auf die Knie. *Lieber Gott*, betete sie, *ich habe mich verlaufen und fürchte mich. Bitte, hilf mir, den Weg nach Hause zu finden. Rette mich, wie es dein Heiliges Wort besagt. Amen.*

Dann ging sie wieder zur Haupthalle des Busbahnhofs zurück. In diesem Augenblick kam ein junger Mann an ihr vorbei. Sie bemerkte sofort, daß er anscheinend eine große schwarze Bibel bei sich trug.

Eine Bibel! dachte Charlotte. *Vielleicht ist er ein Student vom Pacific Union, der zum College zurückfährt!* Jedenfalls beschloß sie, ihm zu folgen. Ein Mann mit einer Bibel war gewiß vertrauenswürdig.

Er führte sie durch mehrere lange Korridore, ging durch eine Unterführung in einen anderen Teil des Busbahnhofs und eilte eine Treppe von einer schwach beleuchteten Halle zu einem abgelegenen Bahnsteig hoch. Charlotte war klar, daß sie diesen komplizierten Weg niemals allein hätte finden können. Und plötzlich stand er da – ein Bus mit der Anzeige ANGWIND in großen Buchstaben! Und es war kurz vor der Abfahrt. Der letzte Bus von San Francisco an diesem späten Abend. Welch ein Glück für sie!

Immer noch dicht hinter dem jungen Mann folgte Charlotte ihm in den Bus. Nur ein Sitzplatz war noch frei, und er drehte ihr den Rücken zu, als wollte er mit dem Fahrer sprechen. So konnte sie zu dem Platz gehen, wo sie sich, immer noch nach dem Fremden schauend, hinsetzte – erleichtert und dankbar . . . und ein wenig erstaunt, denn der Fahrer schien den jungen Mann überhaupt nicht zu bemerken!

Plötzlich wandte der junge Mann sich um und verließ den Bus. Niemand beachtete ihn. Nur Charlotte beobachtete ihn durch das Fenster, und ihre Augen folgten ihm ein paar Meter weit, bis er einfach verschwand, obwohl er doch deutlich zu sehen gewesen war. *Wie ein Licht, das ausgeht,* dachte Charlotte.

Während der Busfahrer die Tür schloß und das große Fahrzeug aus dem Bahnhof rollte, schickte Charlotte ein Dankgebet zum Himmel. Sie wußte: Das Wort Gottes läßt uns in der Not nicht allein. Sie war von einem Engel Gottes gerettet worden.

Busfahrten und Studentinnen spielen auch in Suzannes Erlebnis eine Rolle. Es war ein typischer Minnesota-Winter, voller Schnee und eiskalt. Suzannes siebenjährige Tochter Jennifer mußte zu einem Spezialisten in der Innenstadt von Minneapolis. Suzanne fühlte sich immer unsicher, wenn sie auf glatten Straßen fahren mußte, und es hatte schon einige kräftige Schneefälle gegeben; also hatte sie beschlossen, zum ersten Mal mit öffentlichen Verkehrsmitteln zu fahren. »Mir war sehr unwohl, und ich betete, daß ich den richtigen Weg finden würde«, berichtet sie. »Meine Tochter war schon nervös und wollte zu keinem neuen Arzt gehen. Es war kalt – und ich wollte einfach, daß alles glatt verlief.«

Als Suzanne und Jennifer an der Bushaltestelle ankamen, wartete dort nur ein weiterer Fahrgast, ein fröhliches Mädchen von etwa achtzehn Jahren.

Suzanne lächelte sie an und fragte: »Fahren Sie zufälligerweise in die Innenstadt?«

»Ja, ich fahre zur Universität von Minnesota«, sagte die junge Frau. Suzanne war der Meinung gewesen, die Universität sei in einer völlig anderen Gegend; doch ihr Ortssinn war ja nicht besonders gut. »Ich komme aus einer kleinen Stadt südlich von hier«, erklärte das Mädchen. »Eine Freundin hat mich im Auto bis zur Bushaltestelle mitgenommen.«

Suzanne gefiel die freundliche Art des Mädchens; gleichzeitig bemerkte sie, daß es recht ärmlich gekleidet war. »Ihr schwerer Mantel war völlig altmodisch, und ich erinnere mich, daß ich ihr wünschte, sie würde sich eines Tages bessere Kleidung leisten können«, sagt Suzanne. »Ich erzählte ihr, wo wir hinfahren wollten und daß ich mir Sorgen machte, den richtigen Weg zu finden.«

Ohne zu zögern erklärte das Mädchen ihr, wie sie sich im Bus verhalten sollte – passendes Kleingeld bereithalten, einen Häuserblock vor dem Ziel an der Schnur ziehen –; und dann fügte sie hinzu: »Ich muß ganz in die Nähe, warum fahre ich nicht einfach mit Ihnen und zeige Ihnen das Gebäude?«

»Oh, das kann ich nicht annehmen«, protestierte Suzanne. »Das wäre ein zu großer Umweg für Sie!« Die Universität *konnte* einfach nicht in der Richtung liegen . . .

»Das ist kein Problem«, versicherte ihr die junge Frau.

Der Bus kam, die drei stiegen ein und unterhielten sich angeregt auf dem Weg in die Innenstadt. Suzanne fühlte sich jetzt wohler, und sie hatte auch kein solch schlechtes Gewissen mehr, weil sie die Hilfe ihrer Begleiterin angenommen hatte. Sie würde ohne Zweifel das gleiche für eine ortsfremde Person getan haben; also war es wohl nicht gar so ungewöhnlich. Aber ganz sicher hatte sie großes Glück gehabt, dieser netten jungen Frau zu begegnen.

An der richtigen Haltestelle stiegen die drei aus und gingen in Richtung Nicollet Mall, etwa zwei Häuserblocks entfernt. Suzanne wußte die Adresse des Medical Arts Building, aber es war schwierig, die Straßennummern auf den Häuserfronten zu erkennen. Ohne es zu wissen, waren sie an ihrem

Ziel vorbeigegangen, hatten eine Straße halb überquert und standen nun auf einem Sicherheitsstreifen für Fußgänger, als Suzanne bemerkte, daß die Gebäude auf der anderen Straßenseite für das Medical Arts Building zu klein waren.

Sie schaute zurück. »Sehen Sie!« rief sie aus. »Wir sind gerade dran vorbeigegangen. Da ist es – sehen sie den Namen an der Seite?«

Das Mädchen lachte. »Tatsächlich, da ist es!«

Suzanne und Jennifer drehten sich zu dem Gebäude um, während ihre Begleiterin in derselben Richtung weiterging. Nach wenigen Sekunden begriff Suzanne, daß das Mädchen dabei war, sie zu verlassen, und sie drehte sich wieder um, um ihm zu danken.

Der Verkehr war nicht sehr dicht, und an diesem kalten Tag waren nur wenige Fußgänger unterwegs, aber ihre fröhliche Begleiterin war nirgendwo zu sehen. »Als ich sie zum letzten Mal sah«, erinnert sich Suzanne, »hatte sie ihren Arm wie zum Abschied erhoben, als wüßte sie – noch bevor Jennifer und ich zum Medical Arts Building hinübersahen –, daß wir unser Ziel gefunden hatten.«

Später fand Suzanne heraus, daß die Universität von Minnesota ganz und gar nicht in der Innenstadt von Minneapolis liegt. Und kein Student würde dorthin den Weg fahren, den sie genommen hatten.

Aber, wie Suzanne erkannte, die »Studentin« hatte die ganze Zeit ja auch ein völlig anderes Ziel gehabt.

»Als ob man Gott berührt«

Was er sah, war ein Licht: Licht, das ausging von der Himmlischen Schar, die den Himmel von einem Ende zum anderen sauberfegte.

Frank Paretti, »Die derzeitige Finsternis«

»Engel sind, so lange ich mich erinnern kann, eine positive und sichtbare Erscheinung in meinem Leben gewesen; wenn sie in der Nähe sind, bin ich unerschrocken und sicher«, schrieb mir Fran Hamilton. »Ich habe gelernt, ihre Gegenwart an einem bestimmten Gefühl zu erkennen. Es ist keine Euphorie, kein Glücksgefühl oder starkes Herzklopfen, sondern es sind Sicherheit und Gelassenheit, ein ›die Welt ist ganz in Ordnung‹. Es ist, als ob man seinen Gott berührt.«

Fran hat mehrere Erlebnisse mit Engeln gehabt. Einmal ging sie in dieselbe Frühmesse wie die Schulklasse ihres Sohnes. Zuvor hatte es geheißen, daß eines der Kinder seine erste Kommunion empfangen würde. Die Messe begann, und alles schien normal zu sein. Dann, gegen Mitte der Messe, sah Fran aus allen Richtungen Lichter in das Allerheiligste kommen. »Sie sahen aus wie kleine, aber sehr helle Kugeln«, erzählt Fran. »Es waren so viele, und sie erzeugten ein so intensives Leuchten, daß ich meine Augen schließen mußte. Anscheinend sah sie niemand sonst in der Kirche, aber ich war überzeugt, sie seien heilige Erscheinungen, die kamen, um an der Erstkommunion dieses Kindes teilzuhaben und ein Teil von ihr zu sein.«

Das Strahlen hielt noch an, als Fran und die übrige Gemeinde sich dem Altar näherten. Dann begannen die Lichter zu tanzen und zu glitzern, und schließlich vereinigten sie sich zu einem so hellen Strahlen, daß Fran abermals die Augen schließen mußte. Nachdem sie die Kommunion empfangen hatte, fand sie sich auf ihrem Platz wieder, ohne sich erinnern zu können, wie sie dorthin gelangt war. Als sie nach ihrem Gebet die Augen wieder öffnete, war das Licht fort.

Fran ist es nicht gelungen herauszufinden, wer dieses Kind war, das jetzt ein Erwachsener sein muß, aber sie glaubt, daß etwas Besonderes an ihm gewesen sein muß. Sie ist sicher, daß sie eines Tages begreifen wird, weshalb so viele Engel bei seiner Kommunion anwesend waren.

An einem späten Abend fuhren Fran und Bob, ihr Ehemann, nach einem gesellschaftlichen Ereignis auf der I-71 in südlicher Richtung heim nach Columbus, Ohio, als sie bemerkten, daß sie eine Reifenpanne hatten. Zu spät fiel ihnen ein, daß auch der Ersatzreifen leer war.

»Mein Mann beschloß, auf dem Seitenstreifen zur Ausfahrt des Freeway zu fahren in der Hoffnung, daß dort eine rund um die Uhr geöffnete Tankstelle sei«, erzählt Fran. »Während wir langsam weiterkrochen, begann ich, zu meinem Schutzengel zu beten. Doch je weiter wir kamen, um so deutlicher wurde, daß es nirgendwo eine Tankstelle gab. Meine Gebete wurden immer konzentrierter, bis wir einen Parkplatz in der Nähe eines kleinen, geschlossenen Lebensmittelgeschäfts erreichten und unter der Parkplatzbeleuchtung hielten. Ich wurde sehr ruhig und hatte das Gefühl, nicht länger beten zu müssen.«

Innerhalb weniger Augenblicke kam ein kleines ausländisches Auto angefahren, und eine attraktive Frau stieg aus und näherte sich. »Sie war vermutlich Ende Zwanzig, groß, schlank, mit langem, braunem Haar«, sagt Fran. Sie schien ungewöhnlich gelassen und ruhig zu sein.

»Haben Sie Probleme?« fragte sie durch das Fenster. »Kann ich Ihnen helfen?«

»Ich brauche Luft in meinem Ersatzreifen«, erklärte Bob.

»Ich kann Sie nach Grove City fahren, etwa drei Kilometer von hier«, bot die junge Frau an. »Es gibt da eine Tankstelle, die rund um die Uhr geöffnet hat.«

»Das wäre wunderbar«, entgegnete Bob.

Fran beschloß, im Auto zu warten. Sie war überhaupt nicht unruhig, weil sie allein zurückblieb; allmählich begann sie jedoch, den Vorfall in Gedanken noch einmal durchzuspielen. Warum sollte eine junge Frau auf einer verlassenen Straße anhalten, um zwei Fremden zu helfen? Und diese ungewöhnliche Aura der Sicherheit und Gelassenheit um sie herum . . . Fran fühlte sich ebenfalls friedvoll – auf die ihr vertraute Art und Weise, wenn Engel besonders nahe waren.

Bald darauf kamen Bob und die junge Frau mit dem jetzt gefüllten Reifen zurück. Bob begann, das Rad zu wechseln, und die Frau verabschiedete sich und fuhr weiter. »Hat sie dir ihren Namen genannt?« fragte Fran, als sie und ihr Mann schließlich nach Hause fuhren.

»Sie sagte, sie sei die Frau des Geschäftsführers des Rax Restaurant in Grove City«, antwortete Bob. »Morgen werde ich als erstes dorthin fahren und ihr noch einmal danken.«

»Du wirst sie dort nicht finden«, sagte Fran. »Sie ist nicht mit dem Geschäftsführer verheiratet – oder mit sonst irgend jemandem. Sie ist ein Engel.«

»Ach du lieber Gott!« reagierte Bob spöttisch auf Frans Vorhersage.

Am nächsten Morgen fuhr er zu dem Restaurant, kam jedoch bald wieder zurück und war sehr verwundert. »Der Geschäftsführer hat gar keine Frau«, erzählte er Fran. »Als ich sie ihm beschrieb – und ihm noch einmal sagte, daß sie uns geholfen hat –, schaute er mich an, als wollte er meinen Geisteszustand in Frage stellen.«

Bob und Fran haben niemals die Gelegenheit bekommen, ihrer Retterin noch einmal zu danken. Aber Fran glaubt, daß die Dame weiß, wie dankbar sie ihr sind.

Der Junge, der ertrank

Sehet zu, daß ihr nicht jemand von diesen Kleinen verachtet. Denn ich sage euch: Ihre Engel im Himmel sehen allezeit das Angesicht meines Vaters im Himmel.

MATTHÄUS, 18,10

Es war im April 1981, und die Hardys aus Palestine, Texas, waren auf Besuch bei Verwandten in Houston. Das Gebäude hatte einen Swimmingpool hinter dem Haus, und der dreijährige Jason Hardy wurde von allen ermahnt, im Vorgarten zu bleiben und sich vom Wasser fernzuhalten.

Bald jedoch bemerkte Sue Hardy, daß ihr Junge sich nirgendwo aufhielt, wo er hätte sein sollen. Sie rannte sofort zum Schwimmbecken, aber dessen Wasseroberfläche war glatt. »Ich dachte, daß Jason nicht hineingefallen sein konnte, weil er andernfalls auf dem Wasser hätte treiben müssen«, meint Sue. »Ich wußte damals nicht, daß Ertrunkene auf den Boden sinken.« Sie lief wieder in den Vorgarten, die Straße hinunter, ins Haus, und ihre Sorge wuchs mit jeder Minute.

Schließlich ging sie, einer Vorahnung folgend, zusammen mit einer Nichte wieder zum Schwimmbecken, und diesmal sah sie Jason auf dem Boden liegen. »Meine Welt schien zusammenzubrechen, als sie mir mein totes Kind gab«, sagt Sue. »Er hatte keinen Puls mehr, sein Herz stand still, und er war blau angelaufen.« Sie drückte den schlaffen Körper ihres Kindes an sich und schrie vor Schmerz. Dann begann sie zu beten.

Der Notarzt wurde gerufen, und als er ankam, ging Sue nach oben. »Ich rief einen der Presbyter meiner Gemeinde in

Palestine an«, erzählt sie, »und sagte ihm, daß wir sofort ein Wunder bräuchten. Jason hatte fast eine Stunde lang keinen Herzschlag mehr gehabt, aber ich wußte, Gott konnte alles vollbringen, wenn er es nur wollte.« Nach dem Anruf legte sie sich auf den Fußboden des Schlafzimmers und betete. »Jesus, Jesus«, war alles, was zu sagen sie die Kraft fand.

Wenige Minuten später kam eine ihrer Töchter nach oben, um Sue zu sagen, daß der Notarzt Jasons Herz wiederbelebt hatte. »Sofort war ich voller Frieden«, erzählt Sue. »Ich hatte Jason mit einundvierzig Jahren bekommen, nachdem meine drei älteren Kinder schon beinahe erwachsen waren. Irgendwie wußte ich, daß Gott mir diese späte Gnade nicht erwiesen hatte, um mir meinen Sohn dann wieder fortzunehmen.«

Das Herman-Krankenhaus schickte seinen Rettungshubschrauber, und Jason wurde auf die Intensivstation gebracht. Als Sue im Krankenhaus ankam, machten die Ärzte ihr wenig Hoffnung. »Sie sagten, daß ein Gehirn, wenn es drei bis sechs Minuten ohne Sauerstoffzufuhr ist, Schaden zu nehmen beginnt«, erläutert sie. Jason war bei seiner Ankunft im Krankenhaus klinisch tot gewesen, und die Ärzte meinten, daß er schwere Hirnschäden davontragen und gelähmt sein würde, wenn er überleben sollte.

»Nein. Sie werden sehen«, sagte Sue den Ärzten, »daß Jason auf eigenen Beinen aus diesem Krankenhaus gehen wird.«

Die Ärzte schauten einander an. Anscheinend konnte die Mutter dieses kleinen Jungen noch nicht begreifen, was geschehen war. Sie beschlossen, ihr die schrecklichen Folgen, die ihr bevorstanden, nicht weiter auszumalen.

Jason, immer noch im Koma liegend und für klinisch tot gehalten, wurde an zahlreiche die Lebensfunktionen erhaltende Geräte angeschlossen. In der fünften Nacht stellte sich eine Lungenentzündung ein, und das Krankenhauspersonal glaubte, daß das Ende nahe sei. Sich an den Frieden klammernd, den sie im Schlafzimmer erlebt hatte, rief Sue einige

Presbyter einer Kirche in Houston an und bat sie, ihren Sohn aufzusuchen. Das taten diese und salbten Jason, während Sue und ihre Angehörigen im Flur warteten.

»Mrs. Hardy?« Einer der Presbyter öffnete die Tür. »Die Augenlider ihres Sohnes flattern.« Der Junge hatte soeben ins Bett gemacht. Anscheinend erwachte sein Gehirn gerade wieder!

Zwanzig Tage später spazierte Jason nicht nur aus dem Krankenhaus, er begann auch bald darauf zu sprechen. Sieben Monate nach seinem schrecklichen Unfall erklärte ihn sein Arzt für gesund. Heute ist Jason ein lebhafter, hübscher Junge und in jeder Hinsicht normal. Sue dankt Gott jeden Tag für sein ehrfurchtgebietendes Wunder. Und vielleicht auch für ein wenig zusätzlichen Schutz . . .

Als er erst drei Jahre alt war, konnte Jason noch nicht erzählen, warum er zum Swimmingpool gegangen und wie er dort hineingefallen war. In den Jahren danach nahm Sue an, daß er sich an nichts mehr erinnerte – außer dem, was seine Familie ihm von dem Unfall und dem Aufenthalt im Krankenhaus erzählt hatte. Eines Abends jedoch, als er etwa sechs oder sieben war, saß er vor dem Fernseher, als das Bild eines Swimmingpools erschien. »Unter dem Wasser war es ganz dunkel«, sagte Jason plötzlich.

Sue war sofort hellwach. Erinnerte er sich an den Unfall? »Erzähl mir davon«, sagte sie.

»Es war dunkel«, wiederholte der Junge, »aber der Engel blieb bei mir.«

»Der Engel, Jason?«

»Ja. Er blieb bei mir, damit ich keine Angst hatte.«

Mehr hat Jason niemals über seine wunderbare Rettung gesagt; doch für seine Familie reicht es völlig aus.

Beschützer in den Wäldern

Allein schon die Gegenwart eines Engels ist eine Mitteilung.
Selbst wenn ein Engel unseren Weg schweigend kreuzt,
hat Gott uns gesagt: »Ich bin hier.
Ich bin gegenwärtig in deinem Leben.«

TOBIAS PALMER, »EIN ENGEL IN MEINEM HAUS«

Der heilige John Bosco, so erzählt die Überlieferung, wurde oft von Schlägern belästigt, die ihn auszurauben drohten, während er auf seinem Weg zu den Armen war. Schließlich tauchte jedesmal ein großer, wild aussehender Hund an Johns Seite auf, der ihn durch die gefährlichen Gegenden begleitete. Sobald er wieder in Sicherheit war, verschwand der Hund. Vielleicht nehmen Schutzengel nicht *immer* die Gestalt von Menschen an . . .

Barbara Johnson hatte ihre Ausbildung zur Krankenschwester am Royal-Krankenhaus in Adelaide, Australien, abgeschlossen. Sie arbeitete sechs Monate in Melbourne und ging anschließend nach Sydney, wo sie sich am St. Margaret's zur Hebamme ausbilden ließ.

Barbaras Bruder und seine Frau wohnten in einem Vorort von Sydney. Also fuhr Barbara an ihrem ersten freien Tag mit dem Zug dorthin, um sie zu besuchen. Sie verbrachten einen schönen Tag miteinander, und abends um neun trat Barbara die Heimreise an.

»Ich war ein wenig stolz auf mich«, räumt sie ein. »Obwohl ich später das U-Bahn-System richtig kennenlernte, war dies doch meine erste Reise unter der Stadt – und trotzdem hatte ich den richtigen Weg gefunden und war an der richtigen

Haltestelle ausgestiegen.« Zuversichtlich trat sie auf die hell erleuchtete Straße hinaus und beschloß, eine Abkürzung durch einen Park zu nehmen.

Sie hatte keine Angst, als sie losging. »Ich war schon nachts in Städten zu Fuß gegangen und hatte gelernt, daß man forsch, aber nicht eilig gehen mußte, damit Passanten einen nicht für ängstlich hielten.« Zielstrebig nahm sie ihren Weg, und erst nach einigen Minuten erkannte sie, daß es im Inneren des Parks außerordentlich dunkel war und die Oxford Street – und das Krankenhaus – viel weiter entfernt lagen, als sie vermutet hatte.

Niemand sonst war im Park – zumindest niemand, den sie hätte sehen können. Aber Barbara hatte das Gefühl, beobachtet zu werden. Von Zeit zu Zeit sah sie im Dämmern etwas aufleuchten, wie das Ende einer Zigarette. Ihr Herz begann zu klopfen. War sie in Gefahr? Wenn jemand sie hier ergriff und in die Büsche zerrte, konnte sie sich kaum wehren. Wenn sie aber zu rennen begann, würde sie sich womöglich in der Dunkelheit verlaufen oder hinfallen und sich verletzen.

Es blieb ihr keine Wahl, als weiterzugehen. Sie beschleunigte ihren Schritt und starrte geradeaus auf das entfernte Leuchten der Straßenlichter, die ihr Sicherheit versprachen ...

Sie befand sich auf halbem Weg durch den Park, als sie an ihrer rechten Seite eine Bewegung spürte. O nein! Als hätte sie nicht Grund genug gehabt, sich zu fürchten, lief jetzt ein großer, weißer Schäferhund neben ihr her.

»Diese Hunde wirkten sehr einschüchternd, und die Polizei verwendete sie als Wachhunde«, sagt Barbara. »Sie galten als bissig.« Verzweifelt blickte sie sich nach dem Besitzer des Hundes um, aber der Park war verlassen. Was sollte sie tun, wenn der Hund sie angriff? Sie stellte sich vor, wie sie blutend auf dem Boden lag, den Angriffen des Mannes und des Tieres hilflos ausgeliefert. Ihr Herz klopfte noch schneller.

Seltsamerweise schien der Hund alles andere als bösartig

zu sein. Er trottete einfach neben ihr her, als ob er zu ihr gehörte. Barbara verlangsamte ihren Schritt und hoffte, das zottelige Monster würde weitergehen; aber auch der Hund ging langsamer. Dann blieb sie stehen. »Geh fort, Hund!« Zaghaft versuchte sie, ihn wegzuscheuchen. »Geh fort, los!«

Aber der Hund blieb ebenfalls stehen, als wäre er dort angewurzelt, und schaute zu ihr hinauf. Sein Verhalten änderte sich nicht, er war weder aggressiv, noch gehorchte er ihr. Er *blieb* ganz einfach – wie ein Wachhund, der auf sie aufzupassen hatte.

Barbara sah keine andere Möglichkeit, als weiterzugehen, und das tat sie auch. Als sie die ersehnten Lichter der Oxford Street erreicht hatte, begann sie fast zu laufen. Der Hund stand noch neben ihr, während sie die Straße hinunter auf den Verkehr sah. Würde er ihr auch auf die andere Seite folgen?

Doch gerade, als sie vom Bürgersteig heruntertrat, schaute sie noch einmal nach rechts: Da war er fort.

Erleichtert eilte Barbara ins Wohnheim des Krankenhauses und machte sich dort eine Tasse Tee in der Küche. »Sie sehen erschöpft aus«, sagte eine der Schwestern.

»Ich hatte gerade ein schreckliches Erlebnis«, erklärte Barbara. »Ich habe eine Abkürzung durch den Park genommen –«

»Sie sind nachts durch den Park gegangen?« unterbrach sie eine andere Schwester. »Ach ja, Sie sind neu, Sie können das nicht wissen. Aber in dem Park geschehen immer wieder Verbrechen!«

Entsetzt, daß sie sich im Dunklen in eine so gefährliche und schlecht beleuchtete Gegend begeben hatte, erzählten ihr die beiden Krankenschwestern eine Horrorgeschichte nach der anderen, und Barbara dachte voller Schrecken an das Aufleuchten der Zigarette in der Dunkelheit zurück. Was hätte ihr nicht alles geschehen können! Gott mußte sie beschützt haben . . .

»Und plötzlich war ich von Gedanken an Schutzengel erfüllt, und ich wußte, ohne mich weiter fragen zu müssen, daß der Hund zu mir gehört hatte«, meint Barbara. »Es gab einfach keine andere Erklärung für sein Auftauchen, sein Verhalten und sein plötzliches Verschwinden. Ich war Gott dankbar dafür, daß er sich so persönlich um mich gesorgt hatte und daß er immer bereit ist, uns zu beschützen – sogar vor unserem eigenen Leichtsinn.«

Später arbeitete Barbara in Neuguinea, wo sie ihren amerikanischen Ehemann kennenlernte. Dann ging sie mit ihm nach Wisconsin, wo die Familie heute wohnt. Sie hat ihren Schutzengel nie wiedergesehen, aber sie hat ihn Giuseppe genannt und fühlt eine Verbundenheit mit ihm, die über die Jahre geblieben ist.

Die stillen Beschützer

Die Engel sind immer an ihren alten Orten,
Dreh' einen Stein, und ein Flügel schlägt!
Ihr seid es, eure verschlossenen Gesichter,
Die so viele herrliche Dinge nicht sehen.

FRANCIS THOMPSON, »DAS KÖNIGREICH GOTTES«

Impulse. Sind sie nicht einfach Intuition? Manchmal. Aber die folgende Geschichte läßt vermuten, daß etwas Wesentlicheres am Werk ist.

Als Handelsvertreter war Frank oft die ganze Woche von zu Hause fort und kehrte erst am Samstag heim. Häufig schickte er seinen Schutzengel aus, damit dieser in seiner Abwesenheit über seine junge Familie wache.

Eines Freitags gegen fünf Uhr nachmittags hatte Frank das bedrückende Gefühl, daß zu Hause etwas nicht in Ordnung war. *Schutzengel, geh zu meiner Familie und beschütze sie,* betete er. Sofort verließ ihn das ungute Gefühl.

Am nächsten Tag kam er nach Hause. »Wie war es in der Zwischenzeit?« fragte er seine Frau und erinnerte sich dabei an jenen seltsamen Augenblick der Unruhe.

»Oh, Frank, es hat fast eine Tragödie gegeben!« platzte seine Frau heraus. Sie hatte nur wenige Sekunden ihren vierjährigen Sohn, Timmy, aus den Augen gelassen, und das Kind war auf die Straße gelaufen. Genau in diesem Augenblick raste ein Auto auf ihn zu. Entsetzt sah Franks Frau, daß sie ihren Sohn auf keinen Fall rechtzeitig würde erreichen können.

Aber als das Auto etwa hundert Meter entfernt war, sah

der Fahrer das Kind und bremste – mit solcher Kraft, daß sich der Wagen zweimal um die eigene Achse drehte; direkt vor Timmy, der vor Schreck wie angewurzelt dastand, kam er zum Stehen. Statt seinem Ärger Luft zu machen, sprang der Fahrer aus dem Auto und rief: »Es ist ein Wunder! Ein Wunder, daß ich noch rechtzeitig anhalten konnte!«

»Wann ist das passiert?« fragte Frank erschüttert.

»Gestern«, sagte seine Frau. »Genau um fünf Uhr.«

Schwester Martha machte eine ähnliche Erfahrung. Sie hatte Nachtschicht in einem Krankenhaus und mußte in den Keller gehen, um ein Medikament aus dem Kühlraum zu holen. Während sie die Regale durchsuchte, schloß sich unerwartet die Tür hinter ihr.

»O nein!« murmelte sie bestürzt. Der Kühlraum konnte von der Innenseite nicht geöffnet werden, und sie war eingeschlossen.

Zu dieser späten Stunde hatte es keinen Sinn zu rufen, denn niemand würde sie hören. Also begann Schwester Martha, die Engel um Hilfe anzuflehen. »Ich machte mir vor allem Sorgen, weil die Patienten auf meiner Station die ganze Nacht unversorgt sein würden«, sagt sie heute. »Daß ich erfrieren könnte, war mir noch gar nicht klargeworden.«

Nur kurze Zeit verging, und Schwester Martha hörte jemanden auf der anderen Seite der Tür. Bevor sie rufen konnte, drehte sich der Griff und die Tür ging auf. Draußen stand eine andere Schwester.

Die beiden Frauen starrten einander verwundert an. Schwester Martha war überrascht, daß ihr Gebet so rasch beantwortet worden war. Aber ihre Kollegin war noch erstaunter.

»Ich war schon zu Bett gegangen«, erklärte sie. »Aber ich wurde das Gefühl nicht los, daß ich in den Keller gehen und nachsehen mußte, ob auch alles in Ordnung ist.« Sie versuchte, diesen Hinweis zu überhören, aber schließlich gab sie ihm nach. »Ich habe den Kühlraum nur noch einmal überprüfen wollen«, sagte sie zu Schwester Martha. »Ich hatte keine Ahnung, daß jemand dort eingeschlossen war.«

Andrew Smith war mit seinem Freund Joe in einer bewaldeten, abgelegenen Gegend im Jefferson County, Missouri, auf Jagd gewesen. Es war ein trister, kalter Tag im Spätherbst.

Andrew ist ein begeisterter Jäger und hält sich strikt an die entsprechenden Sicherheitsregeln. Er würde niemals unvorsichtig mit einem Gewehr umgehen oder zulassen, daß ein anderer dies tut. Die beiden hatten zwar manchmal zusammen geangelt, waren aber noch nie gemeinsam jagen gegangen.

»Es gibt mehrere Sicherheitsregeln für den Umgang mit Feuerwaffen«, erklärt Andrew. »Man richtet ein Gewehr ausschließlich auf das, was man schießen will. Wenn zwei Jäger nebeneinanderher gehen, tragen sie ihr Gewehr in der Armbeuge mit dem Lauf voneinander fort. Wenn man mit einem geladenen Gewehr geht, ist es gesichert, um einen versehentlichen Schuß zu verhindern. Man geht nicht mit dem Finger am Abzug. Wenn man auf der Jagd ist oder aus einem anderen Grund eine Feuerwaffe trägt, achtet man ständig darauf, wo ein anderer sich befindet und wie er sich bewegt.« Diese Regeln waren Andrew in Fleisch und Blut übergegangen, und er nahm an, daß dies bei Joe auch der Fall sei.

Die beiden Männer hatten am Rand eines Gebietes mit kleinen Feldern und dichtem Wald gejagt und gingen gerade einen Waldweg zu ihrem Auto zurück. Joe war auf Andrews rechter Seite, sein Gewehr lag ordnungsgemäß in seinem Arm, und der Lauf zeigte nach rechts.

»Es war vermutlich mein eingefleischtes Bewußtsein für Sicherheit, das mich darauf aufmerksam machte, daß Joe irgendwie seine Haltung verändert hatte«, erinnert sich Andrew. »Ich schaute nach rechts und sah, daß Joes Gewehr jetzt auf der verkehrten Seite lag und der Lauf auf meinen Kopf zeigte. Ich wollte ihn gerade auffordern, das Gewehr wieder richtig zu tragen; normalerweise hätte ich es jedenfalls getan.«

Statt dessen hörte Andrew eine Stimme in seinem Kopf. Es war keine vertraute Stimme, und er wußte sofort, daß sie für einen andern nicht hörbar war, denn Joe schaute nicht auf und reagierte auch sonst nicht auf sie. Und dennoch war sie so laut und deutlich – und für ihn so wahrnehmbar –, als hätte der Sprecher auf Andrews linker Seite gestanden.

Und vielleicht war dies auch so. Denn die Stimme sagte: »Andrew, mach zwei schnelle Schritte vorwärts.«

Andrew gehorcht normalerweise keinem Befehl, ohne zu fragen. Diesmal jedoch reagierte er sofort. Er hatte gerade den zweiten Schritt getan, als Joes Gewehr losging – genau in die Richtung, in der zuvor Andrews Kopf gewesen war.

Die beiden Männer waren völlig benommen nach diesem Beinahe-Unfall. »Was ist passiert?« fragte Andrew schockiert.

»Ich weiß es nicht«, antwortete Joe erschreckt.

»Hattest du das Gewehr nicht gesichert?«

»Ich dachte, ich *hätte*. Und ich hatte den Finger ganz gewiß nicht am Abzug.«

»Ganz sicher *doch*. Und warum zeigte das Gewehr auf mich?«

Joe wußte keine Antwort. Er war bestürzt und schämte sich wegen dieser drei offensichtlichen Verstöße gegen die Sicherheitsregeln. Wie konnte das passiert sein? Die beiden Männer haben niemals eine befriedigende Erklärung dafür finden können.

»Ich bin mir oft der Tatsache bewußt gewesen, daß ich in einer gefährlichen Situation war«, sagt Andrew. »Manchmal habe ich nicht schnell genug reagiert – mit dem Ergebnis, daß ich mich auf die eine oder andere Weise verletzt habe. Und ich hatte nie Anlaß zu der Annahme, ich sei von den Folgen meiner eigenen Unvorsicht oder Unaufmerksamkeit ausgenommen.

Doch konnte es ein Zufall sein, daß ich diesen absolut einmaligen Zwang fühlte, mich von jenem Gewehr fortzubewegen?«

Normalerweise ist Andrew in der Lage, für ungewöhnliche Geschehnisse natürliche Erklärungen zu finden. Aber dieses Ereignis übersteigt die Grenzen des menschlichen Interpretationsvermögens. Er ist zu dem Schluß gelangt, daß diesmal sein Schutzengel direkt eingegriffen hat, um ihn zu retten.

In keiner der oben erzählten Episoden oder in ähnlichen, die man mir mitgeteilt hat, haben die Beteiligten ein gütiges Wesen *gesehen*. »Es wäre schwierig – ja, sogar unmöglich – zu ›beweisen‹, daß etwas Übernatürliches am Werke war«, schrieb mir jemand. »Aber ob ich *glaube*, daß ich berührt und beschützt wurde? Ja, tausendfach ja!«

Der schweigende Kreis

Um unsere Kissen herum steigen goldene Leitern auf,
Und in den Himmeln auf und ab,
Mit geflügelten Sandalen beschuht,
Kommen und gehen die Engel, die Boten Gottes!

R. H. STODDARD, »HYMNE AN DIE SCHÖNEN«

Viola Rockett ist immer eine verantwortungsvolle Person gewesen. Sie schloß ihr Studium an der High-School von Charleston, Mississippi, innerhalb von drei Jahren mit einem Notendurchschnitt von fünfundneunzig Prozent ab. Als sie sich mit neunzehn Jahren verliebte und heiratete, war dies eine Herausforderung, aber sie meisterte ihre neuen Aufgaben mit dem ihr eigenen gesunden Menschenverstand. »Ich bin niemals sehr ängstlich oder mißtrauisch gewesen«, sagt sie. »Ich lernte Gott kennen, als ich dreizehn Jahre alt war, und danach war ich immer ziemlich fest im Glauben.«

Das Leben mit ihrem jungen Ehemann, A. J., war jedoch nicht einfach. Es war schwierig, in diesem Teil von Mississippi Arbeit zu finden. Innerhalb von zwei Jahren wurden ihre beiden Töchter geboren, was die finanzielle Lage noch schwieriger machte.

Als Viola fünfundzwanzig wurde, zog die Familie nach Mathiston, Mississippi, um, einer kleinen Stadt mit nur ein paar Geschäften und einem Postamt. A. J. hatte Gebrauchtwagen repariert und wieder verkauft und so den Lebensunterhalt verdient; also mietete er eine alte Reparaturwerkstatt voller ausgeschlachteter Autos, Werkzeuge und Schrott; hier hätte jeder leicht eindringen können – wenn da etwas gewesen wäre, das zu stehlen sich gelohnt hätte. Ein Raum, der einmal Ersatzteillager gewesen war, schloß sich an die Werkstatt an. »Zwei der Wände waren durchgehende Fensterfronten wie bei einem Ausstellungsraum und hatten von der Decke bis zum Fußboden reichende Jalousien«, beschreibt Viola. »Die einzige Glühbirne hing in der Kochecke und hatte eine Schnur zum Ein- und Ausschalten.« In diesem Raum wohnte die Familie.

Viola hatte sich noch niemals so isoliert gefühlt. A. J. war mehrere Abende in der Woche fort, um Autos zu kaufen und zu verkaufen, während sie ohne Telephon zu Hause saß und weder Freunde noch Verwandte hatte, die ihr hätten helfen können. Sie gab sich Mühe, tapfer zu sein; aber nachts hatte sie doch Angst in dem Raum. Sie fühlte sich schutzlos hinter den großen Fenstern – auch dann, wenn die Jalousien heruntergelassen waren. Im Ort war allgemein bekannt, daß sie nachts oft allein war – was würde sie tun, wenn jemand versuchen sollte einzubrechen? Wie sollte sie sich und ihre Töchter beschützen?

Eines Nachts, wieder allein mit den Kindern, erwachte Viola mit einem Gefühl schrecklicher, blinder Angst. Sie hatte nicht etwa einen Alptraum gehabt; tatsächlich schien es auch keinen Grund für die Furcht zu geben, die sie so plötzlich ergriffen hatte, aber sie fühlte eine große Gefahr überall um sich herum. »Ich war so verängstigt, daß ich glaubte, jemand oder etwas sei wirklich *in* unserem Zimmer«, erzählt sie. »Und ich wußte, daß ich den Mut würde aufbringen müssen aufzustehen, durch das dunkle Zimmer zu gehen, die Schnur an der Lampe zu finden und das Licht einzuschalten.«

Jeder, der einmal unter einem Anfall von Angst gelitten hat, wird verstehen, wie schwierig es für Viola war, dies alles zu tun. Mit pochendem Herzen und ängstlicher als je zuvor in ihrem Leben gelang es ihr, durch das Zimmer zu stolpern und die Schnur zu finden. Als sie jedoch das Licht einschaltete und sich umschaute, schien alles in Ordnung zu sein. Das kahle Zimmer sah aus wie immer.

Doch statt eines Gefühls der Erleichterung kam wieder die Furcht, eine unglaubliche Welle der Angst, und Viola war überzeugt, daß die Gefahr jetzt auf der anderen Seite der verdeckten Fenster lauerte – so nahe, daß sie sie beinahe berühren konnte. Wenn sie nach draußen lief, um Hilfe zu holen, würde sie direkt auf das zulaufen, was sich dort befand. Wenn sie jedoch drinnen blieb, hatte sie keine Möglichkeit, einen Eindringling abzuwehren, dafür war das Gebäude zu leicht gebaut und baufällig. Da sie nicht wußte, was sie tun sollte, kniete sie in der Mitte des tristen Zimmers nieder. »Gott, hilf uns«, rief sie. »Ich danke dir für deine Liebe und Fürsorge. Bitte, beschütze uns jetzt!«

Sie schaute auf. Plötzlich sah sie, wie sich die heruntergelassenen Jalousien vor den Fenstern aufzulösen schienen. Und vor den zehn oder zwölf Glasscheiben sah sie eine riesige Gestalt langsam herniederkommen und mit Flügeln schlagen. »Es war keineswegs wie in einem Traum oder wie in Zeitlupe; alles schien völlig normal zu sein«, sagt sie. Außer – daß es Engel waren!

Mit ihren Rücken zu ihr stehend, waren diese wundervollen Wesen so groß, daß ihre Köpfe sich oberhalb der Fensterscheiben befanden und sie sie nicht sehen konnte. Aber sie sah, wie sie ihre Flügel hinter ihren Körpern zusammenlegten, während sie langsam Aufstellung nahmen: eine Phalanx himmlischer Wächter, zu ihr geschickt als Antwort auf ihre Bitte. Wie sehr mußte Gott sie lieben! Es war unglaublich.

Die Vison dauerte nur wenige Minuten. Während Violas erstaunte Augen noch von einer Gestalt zur nächsten wanderten, kehrten die Jalousien plötzlich zurück und bedeckten wieder die Fensterscheiben. Viola und ihre Töchter waren allein im Zimmer. Und doch wußte sie, daß sie nie wieder wirklich allein sein würden.

Viola hat niemals herausgefunden, was sie und ihre Kinder

in jener Nacht bedrohte. Aber sie kann sich nicht erinnern, in den über dreißig Jahren seitdem oft Angst gehabt zu haben. »Gott erwies mir die Gnade zu sehen, was wirklich ist: daß er uns niemals verläßt«, sagt Viola. Sein liebevolles Geschenk hat ihr seitdem Kraft gegeben.

Ein lächelndes Kind

Mit Schweigen als ihrem einzigen Segen
Kommen Gottes Engel,
Wo, im Schatten eines großen Kummers,
Die Seele verstummt.

John Greenleaf Whittier,
»An meinen Freund zum Tode seiner Schwester«

Gretchen und ihr Ehemann Fred waren lange glücklich verheiratet gewesen, aber vor kurzem war Fred gestorben. Und obwohl Gretchen einen Sohn und vier Enkel hatte, die sie sehr liebten, konnte sie sich kaum von diesem gewaltigen Verlust erholen.

Während der ersten Monate war Gretchen wie betäubt vor Schmerz und unfähig zu weinen. Aber inzwischen war sie über den ersten Schock hinweg, und nun schien es, als könnte sie nur noch weinen. »Ich begann, die Begegnung mit anderen zu fürchten«, erinnert sie sich, »denn ich hatte Angst, ich würde mitten in einer normalen Unterhaltung in Tränen ausbrechen.« Man war sehr freundlich zu ihr gewesen, aber Gretchen wollte nicht bemitleidet werden, und sie wollte nicht, daß ihre Trauer andere belastete.

An diesem Sonntag war Gretchen allein in die Kirche gegangen und hatte sich in eine leere Bank gesetzt. Sie sah keine bekannten Gesichter und war erleichtert. Zumindest konnte sie still und leise fortgehen, wenn ihr Schmerz sie zu überwältigen drohte.

Während sie in ihrer Bank saß, dachte sie wieder an Fred, und Einsamkeit und Kummer schlugen über ihr zusammen wie eine Welle. »Ich stand kurz davor, in Tränen auszubrechen«, sagt sie. Es war schwer, diese ununterbrochene Trauer auszuhalten. Würde sie niemals enden? Im nächsten Augenblick würde sie zu weinen beginnen . . .

Plötzlich kam ein kleiner Junge in ihre Bank und setzte sich neben sie. Durch ihre Tränen schaute sie ihn an. Er hatte hellbraunes Haar, trug einen hübschen braunen Anzug und war etwa sechs Jahre alt. Und er sah sie sehr zutraulich an und lächelte dabei, als würde er sie kennen.

Es war seltsam. In dieser Gemeinde gingen Kinder nur selten allein in die Kirche, vor allem zu dieser frühen Stunde. Wo war nur seine Familie? Seltsamer noch war die Tatsache, daß der Junge, obwohl er das Gebetbuch in die Hand genommen hatte, um zu lesen, immer dichter an sie heranrutschte.

»Ganz unauffällig kam er immer näher. Er las ein wenig, dann schaute er hoch, fing meinen Blick auf und strahlte. Seine ganze Haltung machte deutlich, daß er gekommen war, um mir Gesellschaft zu leisten.« Welch reizendes Kind!

Während der kleine Junge sich enger an Gretchen drückte, geschah noch etwas anderes. Sie fühlte, wie ihr Herz leichter wurde. Obwohl sie es nicht für möglich gehalten hatte, daß so etwas jemals wieder geschehen würde, begann sie, sich glücklich, ja: glücklich, zu fühlen. Es war nur ein flüchtiges Gefühl, wie ein schneller Kuß, aber sie fühlte es.

Und sie würde wieder glücklich sein. Sie wußte es jetzt ganz zweifelsfrei. »Eine Zeit zu trauern und eine Zeit zu tanzen . . .« Gretchen befand sich immer noch in großer Trauer, aber die Liebe und die Freundlichkeit in dem Gesicht des kleinen Jungen hatten ihr einen Hinweis auf eine kommende bessere Zeit gegeben.

Aber wer war dieses Kind? Gretchen schaute auf den Jungen herab, und wieder lächelte er sie auf diese vertraute und durchdringende Weise an. Sie *mußte* ihn kennen . . . Warum sonst würde er sich so verhalten? Natürlich. Wahrscheinlich war er der Sohn einer jüngeren Nachbarin oder Freundin, die um Gretchens Verlust wußte und sie allein hatte sitzen sehen und die ihren kleinen Sohn zu ihr in die Bank geschickt hatte. Gretchen nahm sich vor, den Eltern für ihre Aufmerksamkeit zu danken. Sie würde nach dem Gottesdienst darauf achten, wohin das Kind ging.

Als der Gottesdienst zu Ende war, verließen Gretchen und der Junge die Bank und gingen zur Eingangstür. Überall standen Menschen, aber es war keine große Menge, und das Kind blieb in Gretchens Nähe. »Wie heißt du?« fragte sie den Jungen. »Kenne ich deine Mutter?«

Doch statt ihr zu antworten, schaute er sie an und lächelte ein letztes Mal. Und dann, während Gretchen die Menge nach jemandem absuchte, der seinerseits nach dem Jungen suchte, verschwand das Kind. Im einen Augenblick war es noch da, im nächsten war es verschwunden. Gretchen sah es nicht fortgehen, aber als sie wieder nach unten blickte, war die Stelle neben ihr leer.

»Ich habe noch unter all den Leuten nach ihm gesucht, bis alle gegangen waren, aber ich habe ihn nie wiedergesehen, noch jemanden getroffen, der ihn kannte oder ihn zu mir geschickt hatte.«

Doch nach jenem Sonntag fühlte Gretchen sich nicht mehr so allein. Allmählich wurde ihr klar, daß kein Kind – und sei es noch so reizend – in der Lage gewesen wäre, ihre Stimmung auf so geheimnisvolle und willkommene Art und Weise zu heben. Vielmehr war dieses Kind von jemandem geschickt worden, der ihren Schmerz verstand und die Hand nach ihr ausstreckte, um sie zu trösten und zu heilen.

Der Junge im blauen Anzug

War da kein Stern auszusenden . . .,
um jenes einzige Kind zu retten?

EMERSON, »KLAGELIED«

Michael Sullivan aus Howard Beach, New York, ist der Autor von *Freude meiner Jugend,* den noch unveröffentlichten Erinnerungen an eine glückliche Jugendzeit in den zwanziger Jahren. Als er von meinem Buch über Engel hörte, bot er mir großzügig an, ich könnte die folgende Episode aus seinem Buch für meine Leser nacherzählen:

Am Morgen des Tages seiner Firmung im Jahr 1925 fühlte sich Michael fiebrig und schwach. Aber er durfte dieses wichtige Ereignis nicht versäumen! Die Gemeinde von Saint Bartholomew in Elmhurst gehörte zur Diözese Brooklyn, und der Bischof kam in jenen Tagen nur alle vier Jahre, um die Firmung zu vollziehen. Bliebe er heute zu Hause, hätte er das Sakrament erst im Alter von vierzehn empfangen können.

Widerstrebend erlaubte ihm sein Vater zu gehen, und seine ältere Schwester, Mary, half dem Zehnjährigen beim Anziehen und brachte ihn zur Kirche. Sie konnte jedoch nicht bei ihm bleiben, weil so viele Kinder gefirmt wurden, daß die Kirche nicht alle Familienmitglieder und Gratulanten aufnehmen konnte.

Michael stellte sich zu den anderen in die Reihe, ging langsam in die Kirche hinein und nahm seinen Platz in der Sitzbank ein, wie er dies geübt hatte. Der Bischof, in goldene Gewänder gekleidet und mit einer riesigen goldenen Mitra auf dem Kopf, saß auf einem Stuhl in der Mitte des Altarraums, umringt von Priestern; es war ein eindrucksvoller Anblick.

Die Orgel spielte. Schließlich standen alle Jungen aus Michaels Sitzbank auf und gingen in einer Reihe den Mittelgang hinunter. »Ich war froh, daß ich nur eine kurze Strecke zu gehen hatte«, erzählt er, »denn meine Knie waren zittrig.«

Mit einer sanften Geste berührte der Bischof Michaels Wange und sprach die Worte des Sakraments. Dann kehrte Michael zu seiner Bank zurück, um sich aufrecht hinzuknien, wie man es ihm gesagt hatte. Aber sein ganzer Körper schmerzte . . . Und immer noch war die Reihe der Jungen, die zum Altar gingen, so lang . . . Das Kerzenlicht schien zu verschwimmen und der Bischof ebenfalls . . . Michael wurde ohnmächtig und fiel in den Mittelgang.

Als er wieder zu sich kam, saß er in einem Eichenstuhl in der Sakristei, einem kleinen Raum hinter dem Altar. Der Pfarrer, der ihm ein Fläschchen mit Riechsalz unter die Nase gehalten hatte, sah erleichtert aus. »Jetzt wird es dir bessergehen«, sagte er. »Bleib einfach hier sitzen und ruh dich eine Weile aus.«

Ein Fenster stand offen, und ein sanfter Aprilwind drang in die Sakristei. Der Pfarrer kehrte zur Zeremonie zurück und ließ Michael mit dem Küster allein, der ihn hergetragen hatte. »Fühlst du dich jetzt besser?« fragte der Küster nach einiger Zeit.

Michael nickte. »Ich glaube schon.«

»Du mußt nicht warten, bis die Zeremonie vorüber ist«, sagte der Küster. »Glaubst du, daß du nach Hause gehen kannst?«

Michael meinte, er könne es schaffen. Leise schlüpfte er durch eine Seitentür hinaus und ging vorsichtig einen Gang hinunter und über eine Straße zu einem Weg, der diagonal über einen leeren Platz führte. Er kannte diese Strecke genau, denn er ging sie jeden Tag auf seinem Weg zur Schule.

Aber heute schien dieser Weg wie eine lange, gewundene

Straße zu sein. Jeder Schritt bereitete ihm Mühe, und sein Körper schmerzte ihn wieder – genauso wie zuvor, als er in der Kirche versucht hatte, aufrecht zu knien. »Ich erinnerte mich an die Worte der Ordensschwester, die gesagt hatte, daß der Heilige Geist im Sakrament der Firmung auf einen kommt und einem Kraft gibt«, sagt Michael. »Dieser Gedanke hatte eine beruhigende Wirkung, und ich schaffte es bis zur Hälfte des Weges, bevor ich begriff, daß ich die ganze Strecke nicht bewältigen würde.«

Er drehte sich um und schaute nach Saint Bartholomew zurück in der Hoffnung, daß die Zeremonie beendet sei und Freunde herauskämen, die ihn finden würden. Aber niemand war zu sehen. Er fühlte sich schwindlig und schwach, so wie er sich gefühlt hatte, als er kurz darauf ohnmächtig wurde. Verzweifelt sah er sich um nach einem Stein, auf dem er hätte sitzen, oder nach einem sauberen Flecken Gras, auf dem er hätte liegen können.

In diesem Augenblick – und obwohl vorher niemand zu sehen gewesen war – tauchte ein Junge in einem blauen Anzug neben ihm auf. Er war älter und größer als Michael, hatte aber ein freundliches Gesicht. Michael war froh, ihn zu sehen. »Bist du gerade gefirmt worden?« fragte er.

»Nein«, sagte der Junge lächelnd. Es schien Kraft von ihm auszugehen, und Michaels Schwächegefühl verlor sich. Der Junge begann zu gehen, und automatisch ging Michael neben ihm her. Der Weg schien jetzt nicht mehr so lang zu sein.

Der Junge sprach sehr lebhaft mit ihm, und sie unterhielten sich über viele Themen. »Ich fühlte mich immer noch ein wenig benommen, und ich wußte nicht so recht, was ich von ihm halten sollte, aber ohne Zweifel kannte er mich, er wußte alles von mir«, erzählt Michael. »Ihm war bekannt, daß meine Mutter nicht mehr lebte. Er kannte meine beiden Schwestern und wußte, daß mein Vater ein wunderbarer Mann war.«

Als sie den leeren Platz hinter sich ließen und die Lamont Avenue hinaufgingen, erzählte Michael dem Jungen vom bisherigen Höhepunkt in seinem Leben: Sein Vater hatte ihn 1923 zum zweiten Spiel der Baseball-Endausscheidung mitgenommen; Babe Ruth hatte zwei »Homeruns« geschlagen, und die Yankees hatten die Giants vier zu zwei geschlagen.

Der Junge hörte ihm zu und schien alles über das Spiel zu wissen. Er wußte, daß John McGraw seinen ersten Werfer, Hughie McQuillan, heraus- und statt dessen Jack Bentley hineingenommen hatte. Ihm war auch bekannt, daß Irish Meusel von den Yankees, Bob Meusels Bruder, einen »Homerun« für die Giants geschlagen hatte.

Die Sonne drang durch die Blätter der in voller Blüte stehenden Ahornbäume. Es war etwas in der Sonne, in den frühlingsgrünen Bäumen und in der freundlichen Anwesenheit dieses Jungen, das Michael mit jedem Schritt mehr Kraft gab. Sie erreichten die Straßenecke. »Du hast nur noch einen Häuserblock zu gehen«, sagte der Junge und schaute nach dem weißen Haus mit dem Giebeldach in der Ferne.

»Das stimmt«, sagte Michael und sah sich zum ersten Mal das Gesicht des Jungen genauer an, dessen Augen leuchteten. Er ging über die Straße, drehte sich um, lächelte und winkte Michael zu. Während er winkte, umrahmte ein strahlendes Licht seinen Körper.

Ein Lieferwagen kam vorüber und versperrte Michael kurz die Sicht. Er wartete, bis das Fahrzeug vorbeigefahren war, um dem Jungen noch einmal zuzuwinken. Aber der Junge in dem blauen Anzug war nirgendwo zu sehen.

Michael rannte das letzte Stück nach Hause; dort traute er sich nicht, irgend jemandem von seinem Begleiter zu erzählen. Während der nächsten Tage suchte er die gesamte Nachbarschaft ab; aber er sah den Jungen im blauen Anzug niemals wieder.

Er hatte vorher gewußt, daß er ihm nicht mehr begegnen würde – zumindest nicht in diesem Leben.

Fremde in Not

Gastfrei zu sein vergesset nicht;
denn dadurch haben etliche ohne ihr Wissen Engel beherbergt.

Hebräer 13,2

Michelle Bove ist eine warmherzige, großzügige Person, aber sie war immer schüchtern. Sie, ihr Ehemann und drei kleine Kinder wohnten in einem besseren Teil von Manhattan Beach in Brooklyn, New York, etwa einen Häuserblock vom Strand entfernt – einer Gegend, in der es nur wenige Bedürftige gibt.

Eines Abends im Winter, als Michelle von einer Versammlung nach Hause fuhr, begann sie zu beten, daß sie ihre Ängstlichkeit überwinden möge. Aber sie konnte nicht damit rechnen, daß ihre Bitte so bald erfüllt werden würde! Als sie zu Hause ankam und in die Einfahrt einbiegen wollte, sah sie zwei fremde Personen, die in der Mitte der Straße standen. Sie war ein wenig ärgerlich, weil die Fremden ihr den Weg versperrten; doch sie stieg aus und fragte sie, was sie wollten.

Der Mann, der ältere der beiden, war gut gekleidet und sah gewiß nicht wie ein Stadtstreicher aus. Dennoch bat er Michelle, sie möge seiner Begleiterin, einer Frau um die Dreißig, helfen.

»Was brauchen Sie?« fragte Michelle die Frau.

»Einen Platz zum Schlafen«, antwortete die Frau ruhig.

Sie war ärmlich gekleidet, schien aber intelligent zu sein. Und sie hatte die schönsten blauen Augen, die Michelle je gesehen hatte.

Michelle zögerte, dann wandte sie sich wieder dem Mann zu. Aber der war nicht mehr da! Michelle hatte ihn weder gehen noch sich verabschieden gehört, und obwohl sie die ruhige Straße hinauf- und hinunterschaute, war er nirgendwo zu sehen.

Michelles erste Reaktion auf diese außergewöhnliche Erscheinung war der Wunsch, in die Sicherheit ihres Hauses zu flüchten. Aber ein innerer Drang hinderte sie daran. Sie hatte um Mut gebetet, nicht wahr? Sie hörte sich also zu der blauäugigen Frau sagen: »Warum kommen Sie nicht mit zu mir ins Haus?« Die Frau nahm die Einladung an.

Zunächst rief Michelle einige Motels in der Nähe an, aber nirgendwo war ein Zimmer frei. Danach versuchte sie es bei einigen Kirchen in der Nachbarschaft, aber niemand konnte oder wollte ihr helfen. Michelle wurde nervös. Ihr Mann, der geschlafen hatte, als sie nach Hause kam, war inzwischen wach geworden und verlangte, sie solle die Frau fortschicken.

»Er ist der Meinung, ich sei zu gutmütig und viel zu vertrauensselig«, erklärt Michelle. Außerdem machte er sich Sorgen, weil Michelle eine Fremde ins Haus und so vielleicht ihre Kinder in Gefahr gebracht hatte, und er verlangte, daß sie *jetzt etwas unternehmen solle.* Verärgert ging er wieder zu Bett – in der Annahme, daß sie seine Wünsche ausführen würde.

Da das Haus ziemlich groß ist, brachte Michelle die Frau statt dessen in das Gästezimmer im Kellergeschoß, machte ihr etwas zu essen und ein Bett zum Schlafen fertig. Bis dahin hatte die fremde Besucherin kaum ein Wort gesagt, aber Michelles Meinungsverschiedenheit mit ihrem Mann löste einen Kommentar aus: »Ich habe auch Probleme mit meinem Mann gehabt«, erzählte sie Michelle.

»Haben Sie Kinder?« fragte Michelle.

»Ja, zwei.«

»Warum sind Sie dann allein? Wie sind Sie in diese Situation geraten?«

Michelles Gast antwortete ausweichend. Anscheinend war

die Frau in Schwierigkeiten und dabei, vor etwas davonzulaufen; und Michelles Besorgnis wurde größer. Auf was hatte sie sich da eingelassen? Aber sie konnte es nicht über sich bringen, jemanden in einer so schwierigen Lage zum Gehen aufzufordern – nicht mitten in einer so kalten Nacht.

Statt dessen saß sie, während die Frau schlief, in der Küche und machte sich Sorgen. Was wäre, wenn die Frau irgendwelche bösen Absichten hätte? Was, wenn der verschwundene Mann ihr Komplize war und zurückkehrte, um sie auszurauben? Und was würde ihr Ehemann sagen, wenn er entdeckte, daß Michelle eine Fremde die ganze Nacht in ihrem Haus hatte schlafen lassen? Michelle betete, las die Bibel und hielt Wache.

Als der Morgen dämmerte, packte Michelle etwas Essen und warme Kleidung zusammen und schrieb die Adressen von Unterkünften auf, die sie zuvor nicht hatte erreichen können. Dann weckte sie die Frau. »Sie müssen gehen, bevor mein Mann aufsteht«, sagte sie zu ihr. »Ich kann sie nirgendwo hinfahren, weil ich mich gleich um meine Kinder kümmern muß.«

»Wie heißen Sie?« fragte die Frau. Michelle sagte es ihr und überreichte ihr das Paket.

»Vielen Dank, Michelle«, sagte die Frau und lächelte. Sie sah viel gesünder aus, und ihre blauen Augen strahlten. »Ich werde ihre Freundlichkeit niemals vergessen.«

»Passen Sie auf sich auf.« Michelle öffnete die Hintertür, schloß sie hinter der Besucherin und stand dann am Fenster, um sie durch die Einfahrt hinausgehen zu sehen, denn das war der einzige Weg, auf dem die Frau vom Hof zur Straße gelangen konnte. Erst wenn die Frau an ihr vorbeigegangen war, würde Michelle sich wirklich sicher fühlen.

Michelle wartete . . . und wartete . . . aber die Fremde tauchte nie wieder auf. Wie der Mann, der sie begleitet hatte, war sie einfach verschwunden.

Michelle wird niemals Gewißheit haben, warum der Mann

oder die junge Frau vor *ihrem* Haus standen und *sie* baten, trotz ihrer Ängstlichkeit auf ihre Bitte zu reagieren. Aber seit jenem Tag hat sie aufgehört, so schüchtern zu sein.

Und während wir noch über Michelle nachdenken, können wir uns einer ähnlichen Geschichte zuwenden, die jedoch ein entgegengesetztes Ende hat.

Helen Griffith aus Michigan und einige Mitglieder ihrer Kirchengemeinde befanden sich kurz vor dem Ende des letzten Tages des Sommer-Bibelschulprogramms für Kinder. Acht oder neun Frauen und einige Jugendliche standen am Eingang des Klassenzimmers. »Wir hatten alle irgend etwas zu tun, wir sammelten Geld ein, suchten Unterrichtsmaterial zusammen, lachten, aßen und waren sehr, sehr beschäftigt ...« erinnert sich Helen.

Plötzlich kam eine blasse junge Frau in das Gebäude und näherte sich zögernd der Gruppe, die bei der Tür stand.

»Verzeihen Sie«, sagte die Frau und flüsterte kaum hörbar. Sie sah erschöpft aus. »Könnten Sie mir vielleicht etwas Geld leihen? Damit ich tanken kann?« Sie müsse noch in eine über hundert Kilometer entfernte Stadt fahren, erklärte sie. Ihr angegriffener Zustand war deutlich sichtbar, und Helen bemerkte, daß sie schwanger war.

Jemand aus der Gruppe stellte der jungen Frau rasch einen Stuhl hin. Dann gingen sie alle beiseite, um sich zu beraten. Helen hatte nur ein wenig Kleingeld bei sich und schlug vor, etwas aus dem Schulfonds zu geben oder untereinander Geld zu sammeln.

Aber eine der Frauen war dagegen. »Wir sollten solchen Leuten nicht helfen, Helen«, sagte sie bestimmt. »Sie gehen von einer Kirche zur nächsten und nutzen das Mitleid der anderen aus. Die da wird nichts von mir bekommen!«

Mehrere der Frauen nickten langsam und ließen sich überzeugen. »Warum schicken wir sie nicht zu einer der anderen Kirchen?« schlug eine Frau vor. »Nicht weit von hier wird in einer Gemeinde Essen ausgeteilt, vielleicht können die ihr helfen.«

Als eine der Frauen ihr die negative Antwort überbrachte, war der jungen Frau die Enttäuschung deutlich anzusehen. Sie stand auf und ging mit schweren Schritten zur Tür. Sofort begann Helens schlechtes Gewissen an ihr zu nagen, und sie folgte der Frau nach draußen, um ihr das Geld zu geben, das sie noch in ihrem Portemonnaie hatte.

»Aber draußen war niemand«, erzählt Helen. »Kein Auto, keine junge Frau . . . Ich war nur wenige Schritte hinter ihr, und sie ging ganz gewiß nicht schnell, aber ich sah kein Auto von einem der Parkplätze oder aus einer der Ausfahrten davonfahren. Sie war verschwunden.«

Bis heute fragt sich Helen, ob ihre Kirchengruppe von einem Engel aufgesucht wurde und die Prüfung der Hilfsbereitschaft nicht bestanden hat. »Sie kam, bat ruhig um Hilfe – und wir, die wir so beschäftigt waren, über Liebe und Freundlichkeit zu *reden*, wir weigerten uns, nach unseren Prinzipien zu *handeln*«, sagt sie. »Wir waren Heuchler; und wie sehr wünsche ich mir, wir hätten eine Möglichkeit, unseren Fehler wiedergutzumachen.«

Warum sollte ein Engel als ein Mensch in Not erscheinen? Himmlische Wesen haben gewiß keinen zornigen Ehemann, keine Kinder, ganz und gar keine Sorgen! Vielleicht werden sie zu unserem Nutzen schwach und verletzlich, damit wir die Möglichkeit bekommen, eine Hand auszustrecken, jemandem zu vertrauen und mit dem, was wir geben, zu wachsen.

Engel mit Schlagstöcken

Denn er hat seinen Engeln befohlen über dir,
daß sie dich behüten auf allen deinen Wegen.

PSALM 91,11

1977 war Steven Rogers ein junger Polizist in Nutley, New Jersey, als er seinem Kollegen Phil als Partner zugeteilt wurde. Phil war nicht nur älter und erfahrener, er war auch ein bekennender Christ. Für den impulsiven und manchmal aufsässigen Steve wurde Phil eine Art Vorbild. Jeden Tag vor Beginn der Schicht beteten die beiden Männer oder lasen aus der Bibel; oft sagten sie den einundneunzigsten Psalm auf, der uns Gottes Fürsorge überantwortet und Engel herbeiruft, wenn wir in Gefahr sind.

Nutley hatte ein immer drängenderes Problem: Die Erholungsgebiete waren überfüllt mit Jugendlichen, die tranken, Drogen nahmen und Sachbeschädigung verübten. Die Polizei wußte, wo sie sich versammelten, doch stets, wenn sie ihre Versammlungen auflöste, konnten die meisten von ihnen entkommen und verschwanden spurlos. Anscheinend hatten die Jugendlichen ein Versteck – aber wo? Keiner der Polizisten hatte es bisher finden können.

Eines Tages wurden Steve und Phil für die Zivilstreife eingeteilt. Sie sollten sich wie die Jugendlichen anziehen, und man hoffte, sie würden deren Versteck entdecken und herausfinden, wo die Drogen herkamen. An jenem Abend verbargen sie sich in einem abgelegenen Waldgebiet und beobachteten die jungen Leute, wie sie sich prügelten, wie sie fluchten und anderer Leute Eigentum beschädigten. »Was ich sah, machte mich ganz krank«, erzählt Steve. »Mir wurde klar, daß wir es nicht mit ein paar Jugendlichen zu tun hatten, die ›sich amüsierten‹, sondern mit zahlreichen Drogenabhängigen, deren Denken außer Kontrolle geraten war. Wenn dieses Verhalten um sich griff, konnte es die ganze Stadt in Gefahr bringen.«

Der wichtigste Drogenlieferant war eindeutig ein junger Mann, den die Polizisten »Mr. Big« nannten, weil er anscheinend einen großen Einfluß auf die Gruppe hatte.

Am nächsten Tag gingen die beiden Polizisten zum üblichen Treffpunkt, beteten um Führung und begannen, das Gelände Zentimeter um Zentimeter abzusuchen. Bald stießen sie auf einen ausgetretenen Pfad, der mit Zweigen bedeckt war. Dieser führte zu einer raffiniert versteckten Höhle. Dort fanden sie Pillen, Schnaps, pornographische Schriften und Marihuana. Dies also war der Ort, an dem so viele Jugendliche sich vor der Polizei versteckten. Sie beschlossen, noch in derselben Nacht eine Razzia in der Höhle zu machen.

Vor Beginn ihrer Schicht baten sie um Verstärkung, aber man sagte ihnen, daß sie allein vorgehen müßten. Doch wie sollten zwei Polizisten allein mit einer Gruppe aggressiver Jugendlicher fertig werden? Wieder beteten die beiden Männer den einundneunzigsten Psalm. Dann gingen sie langsam auf die Menge zu, die sich bereits in der Nähe der Bahngleisböschung versammelte. Sie bemerkten, daß Mr. Big auch dabei war. »Wir wollten ihn zuerst festnehmen, weil wir den Eindruck hatten, daß viele der Jugendlichen ihre illegalen Handlungen beenden würden, wenn er nicht mehr da wäre«, erläutert Steve.

Als sie sich jedoch näherten, wurden sie von einem Mädchen erkannt. »Bullen!« schrie sie, und die Menge lief auseinander. Steve und Phil rannten hinter dem Mädchen her, fingen es ein und riefen per Funk Verstärkung herbei. Mittlerweile, das wußten sie, würden sich einige der anderen in der Höhle versteckt haben.

Obwohl sie zahlenmäßig hoffnungslos unterlegen waren,

suchten sie den versteckten Pfad und marschierten furchtlos in die Höhle. »Keiner bewegt sich!« rief Steve, und niemand in der Höhle rührte sich vom Fleck. Er ließ seine Augen über die Gruppe wandern: Mindestens zwölf Personen waren in der Höhle, und Mr. Big war unter ihnen!

Phil ging zu Mr. Big hinüber und forderte ihn auf, das Päckchen herauszugeben, das er in der Hand hielt. Folgsam händigte ihm der junge Mann eine Tüte mit Pillen aus. Steve fand noch weiteres Beweismaterial, las allen ihre Rechte vor und betrachtete dann voller Verwunderung die Szene: Überall auf dem Boden der Höhle saßen gehorsame Jugendliche, die die beiden Polizisten mit Leichtigkeit hätten überwältigen können. Warum hatten sie sich nicht zur Wehr gesetzt?

Der Polizeiwagen traf ein, und während sie ihre Gefangenen zur Höhle hinausführten, wandte Steve sich an Mr. Big: »Warum hat uns keiner von euch angegriffen, als wir hereinkamen?«

»Glauben Sie, ich bin verrückt?« fragte Mr. Big. »Da waren mindestens zwanzig Kerle in blauen Uniformen, und wir wären dumm gewesen, wenn wir hätten kämpfen oder weglaufen wollen.«

»Zwanzig? Nein, wir waren nur zu zweit.«

»O ja?« Mr. Big rief zu einer Gefangenen hinüber: »Belinda, wie viele Bullen sind in die Höhle gekommen?«

Belinda zuckte mit den Schultern. »Mindestens fünfundzwanzig.«

Da erinnerte sich Steve an die Worte, die er und Phil so vertrauensvoll aufgesagt hatten: ». . . daß du nicht erschrekken müssest vor dem Grauen der Nacht . . . denn Er hat Seinen Engeln befohlen über dir . . .«

Innerhalb von neun Monaten, seitdem Steve und Phil für diese Sonderaufgabe eingeteilt worden waren, hatten sie 250 Festnahmen durchgeführt – mehr als ihre Abteilung sonst in einem Jahr. Die drogenabhängigen und gewalttätigen Jugendlichen gaben ihre früheren Verstecke auf, und ganz Nutley erholte sich wieder. Doch wann immer irgend jemand den beiden Polizisten zu ihren Leistungen gratulierte, sagten sie, das sei Jesu Verdienst gewesen, der sie beschützt und ihnen bei der Aufklärung der Verbrechen geholfen habe.

Jesus . . . und ein ganz besonderes Überfallkommando in Blau.

Himmlische Haushälterin

Ein fürsorglicher Engel soll meine Schwester sein.

SHAKESPEARE, »HAMLET«

Raymond Herzings Mutter Mag, eine Einwanderin aus Bayern, ließ sich in Lancaster, Pennsylvania, nieder, heiratete und hatte drei Kinder. Die beiden älteren starben, als sie in den Zwanzigern waren; Raymond, der jüngste, wurde 1938 Priester. Als sein Vater starb, war seine Mutter allein, ohne Enkel oder eine große Verwandtschaft in der Nähe, die sich um sie hätte kümmern können. Da Raymond mittlerweile Sekretär des Bischofs von Buffalo, New York, war, wurde es für ihn immer schwieriger, für seine alte Mutter zu sorgen. Regelmäßig fuhr er von Buffalo, wo er wohnte, nach Lancaster, aber er war nicht in der Lage, all ihren Bedürfnissen gerecht zu werden. Und wenn er nicht bei ihr war, sorgte er sich um seine Mutter.

Raymond beschloß, eine Frau einzustellen, die bei Mag wohnen sollte. Leider aber wurde die Mutter zunehmend mürrisch, und keine der Frauen, die ihr Sohn für sie einstellte, blieb lange bei ihr – mit der Launenhaftigkeit alter Leute entließ Mag sie schon nach kurzer Zeit. »Die eine kocht nicht richtig, die andere hält den Haushalt nicht so in Ordnung, wie sie es sollte . . . keine von ihnen wird akzeptiert!« erzählte ein frustrierter Raymond einmal einer Vewandten. Er verbrachte mehr und mehr Zeit bei seiner Mutter und vernachlässigte seine immer umfangreicher werdenden Aufgaben in Buffalo.

Schließlich betete Raymond zu Gott: »Wenn du möchtest,

daß ich für dich in Buffalo arbeite, mußt du mir hier bei meiner Mutter helfen!«

Einige Zeit später befand sich Raymond im Haus seiner Mutter, als eine Frau in mittlerem Alter an die Haustür klopfte. Sie war ordentlich angezogen und hatte ein freundliches Gesicht. »Ich höre, daß Sie jemanden suchen, der sich um Ihre Mutter kümmert«, sagte sie.

»Da haben Sie richtig gehört«, entgegnete Raymond und machte die Tür weiter auf. »Wollen Sie nicht hereinkommen, damit wir darüber reden können?« Er mochte die Frau und ihre ruhige und freundliche Art auf den ersten Blick.

»Ich bin bereit, etwa ein Jahr zu bleiben«, sagte ihm die Frau.

Ein Jahr! Raymond konnte Gottes Wohlwollen nicht fassen. »Das wäre wunderbar – vorausgesetzt, meine Mutter mag Sie«, erklärte er. »Sie kann ein wenig, äh . . . schwierig sein.«

Die Frau lächelte nur.

In kurzen Zügen beschrieb ihr Raymond ihre Aufgaben und nannte das Gehalt. »Wie heißen Sie?« fragte er. »Auf wen soll ich die Schecks ausstellen?«

»Oh . . .« Die Frau lachte ein wenig. »Nennen Sie mich einfach Angel. Und was mein Gehalt betrifft . . . warum warten wir nicht erst ab, wie ich Ihrer Mutter gefalle?«

Ja, das war gewiß eine Herausforderung, räumte Raymond ein. Wenn Angel erst einmal die Lage prüfen wollte, konnte er ihr das nicht übelnehmen. Vorsichtig optimistisch kehrte er nach Buffalo zurück.

Angel erwies sich als unschätzbar. Mag akzeptierte sie vom ersten Augenblick an, und die beiden kamen hervorragend miteinander aus. Raymond nahm an, daß jemand aus der Nachbarschaft Angel zu ihnen geschickt hatte; doch im Lauf der Zeit stellte sich heraus, daß keiner der Nachbarn sie je gesehen hatte, bevor sie bei Mag einzog. Darüber hinaus schien Angel, was ihre Herkunft betraf, sehr zurückhaltend zu sein, und sie erwähnte auch niemals, wie es dazu gekommen war, daß sie bei seiner Mutter angeklopft hatte. Vielleicht hätte er sie nach Referenzen fragen sollen; aber Mag mochte sie so sehr.

Von Zeit zu Zeit kam Raymond auf Angels Gehalt zu sprechen, aber sie unterbrach ihn jedesmal und wischte seine Bedenken beiseite. »Ich kann des Geld jetzt gar nicht gebrauchen«, sagte sie dann. »Wir rechnen ab, wenn Ihre Mutter mich nicht mehr benötigt.« Es schien einfach zu schön, um wahr zu sein; und in der Zwischenzeit war Raymond Leiter des Familienberatungsbüros in Buffalo geworden und hatte noch mehr Aufgaben als früher. Solange seine Mutter aufgehoben und glücklich war, würde er keinen Druck auf Angel ausüben!

Etwa ein Jahr, nachdem Angel zu Mag Herzing gekommen war, starb diese. »Ich denke, ich werde nicht zur Beerdigung kommen«, sagte Angel an jenem Morgen zu Raymond. »Ich werde statt dessen hier aufräumen.« Raymond stimmte zu. Als er jedoch nach der Beerdigung wieder ins Haus seiner Mutter zurückkehrte, war dieses merkwürdig leer.

»Angel?« rief er und schaute in allen aufgeräumten, aber verlassenen Zimmern nach. »Sind Sie da?« Doch Angel war nirgendwo zu sehen, und auch all ihre Habe war verschwunden.

Raymond hatte sie niemals bezahlt . . . und sie hatte hier ein Jahr lang gewohnt, wie sie es vorausgesagt hatte.

Angel ging ebenso geheimnisvoll, wie sie gekommen war. Aber bis zu seinem Tod im Jahr 1965 hat Monsignore Raymond Herzing sie immer als die Antwort auf ein Gebet angesehen.

Leonors Wahl

Gabriel blies, und ein klarer, dünner Ton von vollkommener Reinheit und kristalliner Zartheit erfüllte das gesamte Universum bis hin zum entferntesten Stern ... so dünn wie die Trennungslinie zwischen Vergangenheit und Zukunft ...

ISAAK ASIMOW, »DIE POSAUNE DES JÜNGSTEN GERICHTS«

Ein Buch wie dieses wäre wohl nicht vollständig ohne den Bericht von einem Beinahe-Tod, in dem die betreffende Person ihrem Engel tatsächlich begegnet.

Im Alter von achtzehn Jahren heiratete Leonor Reyes David, der nur ein Jahr älter war. Einen Monat nach der Hochzeit erhielt David seinen Einberufungsbefehl, und er war bereits in Vietnam angekommen, als Leonor gesundheitliche Probleme bekam: ein Geschwür am Hals, das bösartig zu sein schien.

Im Februar 1969, David war jetzt fünf Monate in Vietnam, wurde seine junge Frau operiert; das Geschwür mußte entfernt werden. Doch während der Operation schien die Anästhesie nachzulassen. »Plötzlich begann ich mich zu erheben, als würde ich schweben«, schrieb Leonor. »Ich konnte den Teil des Operationssaales sehen, der in Richtung meiner Füße lag; ich sah meinen Körper auf dem Tisch liegen, mein Hals war immer noch aufgeschnitten und mein Kopf ganz weit zurückgelehnt ... Dann kam ich an einen Ort, wo ein totales Licht herrschte. Andere schienen um mich herum zu sein, und jemand zu meiner Linken sagte: ›Schau nicht um dich, und wende dich nicht um.‹«

Leonor gehorchte. Allmählich wurde ihr klar, daß die Wesen um sie herum Engel waren. »Du wirst jemanden treffen, der dir sehr viel bedeutet«, sagte das Wesen zu ihrer Linken. »Hab keine Furcht. Du wirst sehr, sehr glücklich sein. Er erwartet dich.« Leonor schaute nach unten und sah, was anscheinend weiße Wolken waren; nur ihre Füße konnte sie nicht sehen.

Kann es sein, daß ich auf meinem Weg zu Gott bin? fragte sie sich. Sie schämte sich, weil sie sich unwürdig fühlte, aber gleichzeitig war sie sehr gespannt. Je länger ihre Reise dauerte, um so freudiger erregt wurde sie.

Leonor und ihre himmlischen Begleiter hielten am Ufer eines wunderschönen Flusses, hinter dem eine grüne Wiese lag. Die Engel begannen zu jubeln, und Leonor sah eine Gestalt in Weiß zwischen den Bäumen in der Ferne hervorkommen. Es war Jesus! Sie wollte zu ihm laufen, aber der Fluß lag zwischen ihnen. Da ging Jesus über die Wasseroberfläche auf sie zu, und sie war voller Liebe und Staunen.

»Ich weiß, du warst sehr müde, krank und besorgt«, sagte er mit der sanftesten Stimme, die sie je gehört hatte. »Möchtest du jetzt mit mir kommen und bei mir bleiben?«

»O ja!« Sie streckte ihre Hand nach der seinen aus und hielt dann inne. »Aber . . . was ist mit meinem Mann? Mit meiner Mutter? Wenn ich jetzt sterbe, würde es ihnen so weh tun. Mein Mann könnte sogar verwundet werden, wenn er die Nachricht hört.« Leonor wollte nichts lieber, als immer bei Jesus bleiben, aber etwas hielt sie zurück.

Dem Mann in Weiß schien ihre Besorgnis zu gefallen. »Du kannst jetzt deinen Mann sehen, wenn du das möchtest«, sagte er. »Dann mußt du eine Wahl treffen. Du kannst mit mir kommen, ihr könnt *beide* kommen. Oder, wenn du das möchtest, kommt diesmal keiner von euch beiden. Es liegt ganz bei dir.«

Wie sollte Leonor David sehen können? Lag Vietnam nicht auf der anderen Seite der Welt? Aber sie erinnerte sich daran, daß Gott alles vermag, also wandte sie sich um. Zwei Engel reisten mit ihr einen sehr langen Weg durch eine Atmosphäre aus reinem Licht.

»Und da standen wir dann hinter einem Baum. Einer der Engel schaute umher. ›Siehst du‹, sagte er zu mir, ›da ist er.‹«

Leonor blickte um den Baum herum, wie der Engel es auch getan hatte, und sah David oben auf einem Hügel in einem Unterstand auf dem Bauch liegen, und ein anderer Soldat lag neben ihm. Sie waren in einen Kampf mit dem Vietcong verwickelt.

»Denke daran«, sagte der andere Engel zu ihr, »du mußt wählen.«

Leonor dachte, wie schön es wohl für sie und David wäre, diese schwierige Welt hinter sich zu lassen und auf ewig bei Gott zu sein. Aber sie dachte auch an die beiden Mütter. Wenn schon Leonors Tod für sie schwer zu ertragen wäre, wie würden sie dann mit einem doppelten Verlust fertig werden? Vielleicht würden sie sogar an Gottes Güte zweifeln, wenn ihre beiden Kinder von ihnen genommen würden. Das wollte Leonor nicht zulassen.

»Rasch!« sagten die beiden Engel zu ihr.

»Nein!« rief Leonor. »Nein – wir können unseren Eltern nicht so weh tun!« Im selben Augenblick sah sie eine fast unsichtbare Hand, die sich nach unten ausstreckte und auf eine Granate legte, die direkt neben David niedergegangen war. Er war in Sicherheit.

Nun trat Leonor zusammen mit den Engeln eine schnelle Reise durch sehr helles Licht an. Sie wurde müde, und die Wesen an ihrer Seite stützten sie. »Wir müssen uns beeilen, wenn du immer noch zurückkehren willst«, sagten sie. In diesem Augenblick fühlte Leonor, wie die Kräfte in ihren Körper zurückkehrten.

»Leonor, wach auf, wach auf . . .« Jemand rief ihren Namen.

»Ich bin hier«, sagte sie. »Ich bin hier.« Sie sah zwei Krankenschwestern, die sich über sie beugten und miteinander redeten, aber sie konnte nicht hören, was sie sprachen. »Ich bin hier«, sagte sie lauter, und beide sahen sie erstaunt an.

»Wir waren kurz davor, Sie aufzugeben«, sagte die eine leise.

Leonors Geschwür war tatsächlich bösartig gewesen. Aber die Ärzte hatten die Schilddrüse vollständig entfernt; und obwohl Leonor seit der Operation einige gesundheitliche Schwierigkeiten hat, sind keine Anzeichen von Krebs mehr aufgetreten.

Wichtiger noch war für sie, daß ihr Mann wohlbehalten aus Vietnam zurückkehrte. Jahre später fragte sie ihn einmal, ob er jemals mit einem anderen Soldaten in einem Unterstand auf einem Hügel gewesen sei und ob während eines Kampfes eine Granate neben ihm niedergegangen war.

»Einmal nur«, antwortete David. »Aber die Granate war ein Blindgänger. Mann, war ich froh!«

Der Tag, an dem wir die Engel sahen

Der Patriarch Tychon wurde von einer Art Ekstase ergriffen und hörte den Gesang von Engeln, dessen Schönheit hinterher zu beschreiben er nicht in der Lage war; auch die Worte jenes Liedes konnte er in dem Augenblick nicht verstehen, sondern erlebte es nur als die Harmonie zahlreicher Stimmen.

SCHATZKÄSTLEIN RUSSISCHER SPIRITUALITÄT

Vielleicht können diese Geschichten am besten mit einer abgeschlossen werden, die Dr. S. Ralph Harlow zum ersten Mal den Lesern des Magazins *Guidepost* berichtete.

Es war nicht Weihnachten, es war nicht einmal Winter, als das geschah, was mir eine alte Engelsgeschichte in neuem Licht erscheinen ließ. Es war an einem herrlichen Frühlingsmorgen, und meine Frau und ich gingen unter den knospenden Birken und Ahornbäumen in der Nähe von Ballardvale, Massachusetts, spazieren.

Nun ist mir klar, daß diese Erzählung – wie jeder Bericht von einer persönlichen Erfahrung – nur so viel Gewicht hat wie der gesunde Menschenverstand und die Ehrlichkeit der berichtenden Person. Was kann ich über mich sagen? Daß ich ein Wissenschaftler bin, der Vermutungen meidet und wissenschaftliche Untersuchung bewundert? Daß ich den Grad eines Baccalaureus in Harvard, den eines Magisters an der Universität von Columbia und den Doktortitel am Hartford Theological Seminary erworben habe? Daß ich noch niemals an Halluzinationen gelitten habe? Daß Juristen meinen Rat gesucht haben und ich vor Gericht als Zeuge aufgetreten und dabei von Richtern und Geschworenen als zuverlässig betrachtet worden bin? All dies trifft zu, und dennoch bezweifle ich, daß keine noch so große Zahl von Referenzen den Glauben oder Nichtglauben eines anderen beeinflussen kann.

Letztendlich müssen wir alle das, was wir von anderen hören, an der eigenen Lebenserfahrung und persönlichen Weltanschauung überprüfen. Also werde ich ganz einfach meine Geschichte erzählen.

Der kleine Weg, auf dem Marion und ich an jenem Maimorgen spazierten, war weich unter unseren Füßen, und wir hielten uns voller Lebensfreude an den Händen, während wir auf einen lieblichen Bach zugingen. Es war Mai und somit die Zeit der Prüfungskorrekturen am Smith College, wo ich Professor war; folglich konnten wir uns für einige Zeit freimachen und Marions Eltern besuchen.

Wir gingen oft in der Gegend spazieren, und wir liebten vor allem den Frühling nach einem harten Neu-England-Winter; dann sind die Felder und Wälder strahlend schön und ruhig – und gleichzeitig erfüllt von dem neuen Leben, das aus der Erde hervorbricht. An diesem Tag waren wir besonders friedvoll gestimmt und glücklich; von Zeit zu Zeit sprachen wir miteinander und genossen die langen Pausen zwischen unseren Sätzen.

Dann hörten wir in der Ferne hinter uns das Murmeln gedämpfter Stimmen, und ich sagte zu Marion: »Wir haben heute morgen Gesellschaft im Wald.«

Marion nickte und wandte sich um. Wir sahen nichts, doch die Stimmen kamen immer näher – schneller, als wir gingen –, und wir wußten, daß die Fremden uns bald überholen würden. Dann bemerkten wir, daß die Geräusche nicht nur hinter, sondern auch über uns waren, und wir schauten nach oben.

Wie soll ich beschreiben, was wir empfanden? Wie kann ich von der Welle der Freude erzählen, die uns durchflutete? Ist es möglich, dieses Phänomen mit objektiver Genauigkeit festzuhalten und dennoch glaubwürdig zu sein?

Denn etwa drei Meter über und ein wenig links von uns schwebte eine Gruppe herrlicher Geschöpfe, die in spiritueller Schönheit leuchteten. Wir blieben stehen und schauten, während sie über uns hinwegzogen.

Es waren ihrer sechs – junge, schöne Frauen, die in fließende, weiße Gewänder gekleidet und in ein ernsthaftes Gespräch vertieft waren. Falls sie unsere Gegenwart bemerkten, so ließen sie es sich nicht anmerken. Wir konnten ihre Gesichter ganz deutlich sehen, und eine der Frauen, ein wenig älter als die anderen, war besonders schön. Ihr dunkles Haar war zu einem Pferdeschwanz (wie man heute sagen würde) zusammengefaßt und schien, auch wenn ich dies nicht mit Bestimmtheit sagen kann, hinter ihrem Kopf zusammengebunden zu sein. Sie sprach lebhaft auf ein jüngeres Geistwesen ein, dessen Rücken uns zugekehrt war und das ihr ins Gesicht schaute.

Weder Marion noch ich konnten ihre Worte verstehen, obwohl wir ihre Stimmen deutlich hörten. Es war etwa, wie wenn man eine Gruppe von Personen vernimmt, aber nicht versteht, die sich außerhalb eines Hauses unterhalten, dessen Türen und Fenster verschlossen sind.

Sie schienen an uns vorbeizuschweben, und ihre anmutigen Bewegungen schienen ganz natürlich zu sein – so sanft und friedvoll wie der Morgen selbst. Während sie vorüberzogen, hörten wir ihre Unterhaltung schwächer und schwächer, bis sie schließlich vollständig verwehte. Wir standen wie versteinert an nach wie vor der gleichen Stelle, hielten uns an den Händen und hatten immer noch die Vision vor unseren Augen. Es wäre eine Untertreibung zu sagen, daß wir verwundert waren. Dann sahen wir einander an, und jeder fragte sich, ob der andere das gleiche gesehen hatte.

Direkt neben dem Weg lag eine umgestürzte Birke. Wir setzten uns darauf, und ich sagte: »Marion, was hast du gesehen? Beschreibe mir jede Einzelheit. Und sage mir, was du gehört hast.«

Sie wußte, worum es mir ging: Ich wollte meine Augen und Ohren überprüfen und feststellen, ob ich das Opfer einer Halluzination oder meiner Phantasie geworden war. Aber ihre Antworten waren in jedem Detail mit dem identisch, was mir meine Sinne berichtet hatten.

Ich habe diese Geschichte mit der gleichen Wahrhaftigkeit und dem gleichen Respekt vor der Wahrheit erzählt, wie ich dies im Zeugenstand tun würde. Aber selbst während ich dies aufschreibe, weiß ich, wie unglaubhaft alles klingt.

Vielleicht kann ich als Beleg nichts anderes anführen, als daß es eine tiefe Wirkung auf unser Leben hatte . . . Seit Marion und ich uns der himmlischen Schar über uns bewußt wurden, ist unser Leben von einer wundervollen Hoffnung erfüllt. Phillips Brooks, der große Bischof der Episkopalkirche, hat die Ursache dieser Hoffnung schöner ausgedrückt, als ich es könnte:

»Das ist es, was ihr für euch bewahren sollt – das *Mitgefühl und die Gesellschaft der unsichtbaren Welt.* Ohne Zweifel ist es derzeit für uns besser, daß sie unsichtbar sei. Es ruft jenes höhere Verständnis hervor, das wir ›Glauben‹ nennen. Wer kann aber sagen, ob nicht die Zeit kommen wird, da selbst für jene, die hier auf der Erde leben, die unsichtbare Welt nicht länger unsichtbar sein wird?«

Die Erfahrung bei Ballardvale – zusammen mit den Überzeugungen meines christlichen Glaubens – gibt mir nicht nur ein Gefühl des Vertrauens in die Zukunft; es läßt mich auch gespannt sein auf das Abenteuer, das sie mit sich bringt.

Noch ein Beginn

Ich wünsche dir weder Reichtum noch den Glanz der Größe,
aber wohin du auch gehst,
soll ein beladenes Herz froh werden an deinem Lächeln
oder beschattetes Leben eine Weile die Sonne sehen.
Und so soll dein Pfad ein Weg des Lichts sein,
wie die Spuren der Engel, die durch die Nacht ziehen.

WORTE AN EINER KIRCHENMAUER IN UPWALTHAM, ENGLAND

Den Menschen in unserer Kultur wird unwohl bei dem Gedanken an Engel in der heutigen Welt. Wenn wir etwas erklären können, nennen wir es eine »natürliche Erscheinung«. Wenn wir aber keine Erklärung dafür haben, schrecken wir zurück vor dem Etikett »übernatürlich«. Dennoch: Wie viele von uns haben nicht in Augenblicken, da das Leben schrecklich, verwirrend oder schmerzhaft schien, ein Flüstern gehört, eine unsichtbare Hand auf der Schulter gespürt, die Hilfe eines Fremden erfahren, der war wie wir . . . und doch irgendwie *anders* als wir? Zu Zeiten, da wir uns verlassen und allein gefühlt haben – wie viele von uns sind da nicht berührt worden durch eine geheimnisvolle, unerklärliche Begegnung, die uns den Mut und die Kraft gab, die wir brauchten, um weiter voranzugehen?

Warum ist es notwendig, solche Erscheinungen zu erklären? Warum sollte ein liebender Gott, auf innige Weise um seine Kinder besorgt, *nicht* seine Engel *und* Menschen schikken, um sein Werk zu tun?

Denn was tun Engel? Sie bringen uns gute Nachrichten. Sie öffnen unsere Augen für Augenblicke des Wunders, für herrliche Möglichkeiten, für vorbildliche Menschen, für den Gedanken, daß Gott hier, in unserer Mitte ist. Sie erheben unsere Herzen und verleihen uns Flügel.

Wir können all dies füreinander tun.

Engel sorgen für uns. Sie sitzen still bei uns, wenn wir trauern. Sie zeigen uns Möglichkeiten auf, unser Leid in einen Weg zu Heilung und Hoffnung umzuwandeln. Sie fordern uns heraus zu einem neuen Verständnis und einer unverbrauchten Sichtweise.

Wir können all dies füreinander tun.

Engel bieten praktische Hilfe. Wie wir gesehen haben, bringen sie Informationen, geben sie Essen, mildern sie die Stürme des Lebens ab. Engel führen uns alle in die gleiche Richtung, wenngleich nicht mit derselben Geschwindigkeit. Doch sie sind auch bereit innezuhalten – und zu warten.

Wir können all dies füreinander tun.

»Es gibt nur ein Problem mit Vollzeitengeln: Man kann ihr Erscheinen nicht vorhersehen und man kann sie nicht herbeibefehlen«, erinnert uns Lee Ballard, der Mann, dem Pag-Pag begegnete. »Das ist der Grund, weshalb Teilzeitengel so wichtig sind – Teilzeitengel wie du und ich.«

Nur wenige von uns erkennen ein himmlisches Wesen, solange wir leben (obwohl ich sicher bin, daß wir alle von einem solchen berührt worden sind). Aber wir können alle füreinander Engel sein. Wir können uns dafür entscheiden, der kleinen Stimme im Inneren zu folgen, dem leisen Flüstern, das sagt: »Geh hin. Frag nach. Streck die Hand aus. Sei eine Antwort auf eines anderen Bitten. Du hast eine Aufgabe zu erfüllen. Hab Vertrauen.« Wir können uns dafür entscheiden, uns auf das Wagnis einzulassen, daß er in der Tat hier ist, uns beobachtet, für uns sorgt und uns liebt, wie wir lieben und Liebe annehmen.

Dann wird die Welt eine bessere Stätte sein.

Und wo immer sie auch sind: Die Engel werden tanzen.